怪談徒然草

加門七海

角川ホラー文庫
23341

目次

第一夜　神田のとある雑居ビルの一室にて　9

企画＝三津田信三

第一夜　神田のとある雑居ビルの一室にて

はじめに

本書は「怪談の神髄は語りにあり」という企画コンセプトの下《もと》、作家にしてオカルトに造詣《ぞうけい》が深く、かつご自身も様々な体験をお持ちの加門七海さんに、三夜に亘《わた》って徒然《つれづれ》なるままにその体験談を中心に語っていただき、そのお話をなるべく忠実に再現して読者にお届けするというものです。お話の進行は企画担当の三津田が務めさせていただきます。

あの橋を渡って

この間、行った旅先での話なんですが。これがまたねぇ、最初の話にしては、普通の怪談とはちょっと毛色が違うというか。

場所は伏せます。皆さん、こういう場所って結構、行きたがるんだけど、向こう側としてはどうなのかなって思うしね。結局、縁があれば情報なんかなくたって、そういうモノには遭うんだから。

ある意味、有名な土地ですよ。で、当然、私が行くところだから、古い神社やお寺とかがあるような場所。そこに先日、友達四人で行ったんです。女性三人に男性ひとり。

私は初めて行く場所だったんだけど、友達は何回も行っててね。そのときは一緒に連れていってくれたというわけ。

で、まぁ、普通に観光して、お参りして、夜になって、御飯を食べた後に時間が余って……いい月夜だった。

その場所、神社の本殿から二十分くらい歩いたところに、昔神社があった場所というのがあるんです。古殿地《こでんち》とか言うらしいんだけど。友人曰《いわ》く、そこが「とても気持ちのいい場所である」と。

それで皆、酒が入っていることもあって、散歩がてら行ってみようということになった。

川沿いの道をぶらぶら歩きながら、ずうっと山道を上っていく。土地自体、山に囲まれている小さい盆地みたいなところでね。その山間部の暗いところを、木に囲まれながら歩いていくと、突然、何もない広場にパッと出る。そこが旧社殿のあった地で、そのことを示す石碑が建っている。

月も照っているし、確かに言われていたとおり、「おぉ、気持ちがいい」って感じの場所だった。

私、そういうところに行くと、急に無口になっちゃうんですよ。人の声とか聞きたくないの。で、友人達が手前の方でお喋《しゃべ》りを始めたので、勝手にそこら辺をぐるぐる歩いて、ひとりで奥に入っていった。

広場を過ぎて、山の一本道をそのまま進むと、川があって朱塗りの橋が架かっている。

神社の旧境内は管理されてるから綺麗《きれい》なんだけど、橋は半分、赤錆《あかさび》ちゃっているような感じでね。夜だから川の流れも見えないし、ちょっと暗い感じがした。

ずっと続いていた一本道は、その橋を渡るとすぐに二叉路《にさろ》になっていて、向こうに直進できる道はない。つまり、橋の正面が山。ガサ藪《やぶ》になってる形なんだな。

なるほど、ここから山になるんだ。

そんなふうに思いながら橋の手前に立ってると、向こう岸の、雑木林の遥《はる》か彼方《かなた》に、高い綺麗な山が見えたの。

なんの山かは知らないけどね、月に反射してすごく美しいわけですよ。まさに秀麗って言葉が相応《ふさわ》しいような山でねぇ。暫《しばら》く、私はその山や、手前の道をぼうっと見ていた。

橋の向こう、向かって右に延びる道は木に遮られて見えないんだけど、左側に延びる道というのは結構、はっきり見えるのね。その道は月に照らされて、白く浮き立ってくるようで、非常に気持ちがいい感じがする。

でも、気持ちはいいんだけど、何かあるよなって、雰囲気もあって……。山も神秘的なんだけど、綺麗だからこそ怖いような感じもする。

だけど、ともかく、ひどく惹《ひ》かれて。

それで最初は、橋の手前で大人しく見ているだけだったんだけど、行きたいなぁって思い始めた。

けど、その先は街灯もないし、友達は喋ってて付いてこないし。ひとりで行くのは嫌なんだけど……しょうがないから、試しだと思って、エイッて、二、三歩進んでみたの。すると、すごく左側の道が気になり始めて、山も益々綺麗に見える。

そこで私はまた、
綺麗だなぁ。左の道をくるって回っていくと、あの山の登山道に通じるのかなぁ。でも、怖いんだよなぁって。

じゃ、今度はちょっと、橋の真ん中まで行ってみよう、と。

そうして、歩いていって立ち止まると、もっと先に行きたくなってくるわけね。それで、もうちょっと、もうちょっと、と思いながら、段々段々橋を渡っていっちゃった。

本当は皆を誘いたかったんだけど、後ろの人達はずっとお喋りしてたから、わざわざ水を差すこともないなと思って、ひとりで一歩、また一歩と、ぼうっと歩いていったわけ。

心の中ではずっと、怖いな、怖いな、と思っているんだけど、橋を渡っていくにつれて、もうちょいなら行けるな、もうちょいなら行けるな、という気持ちになってね。それで段々、こう行って……。

でも、結局、渡り切らなかったんですよ。なぜかっていうと、もう少しで向こう側というときに、後ろからすごい声で、

「加門さん、行っちゃ駄目だぁ！」

友達が、物凄《ものすご》い声を上げたわけ。

びっくりして振り向くと、その子達は近づいてきもしないまま、「早く戻ってこい！」と怒鳴っている。

しょうがないから戻っていって、「どうしたの」って訊《き》いたらさ、

「あそこの川は、三途《さんず》の川って呼ばれているんだ」と。

今まで何人も、あの橋を渡って行方不明者が出ている。「あの山を登る」と言って出掛けたきり、いなくなってしまった人が何人もいる、と。一応、登山道はあるんだけど、正式な登山道ではないし、そのせいだか、昼間に行った人もいなくなるし、ちゃんとした登山者なんかでも、あの道を行って帰ってこない人がいるんだ、って。

「そんな場所に、こんな時間にあんたが渡ってどうするんだ」

友達は怒るわけですよ。そして、「怖いだろ、向こう側」って訊かれるんだけどね

え。

いや、怖いんだけど、行きたかったんだよなって、私は心で反論してた。だって、そんな話を聞かされても、山はまだ綺麗に見えるわけ。だから「皆で行かない？」と未練たらしく誘ったんだけどね。結局、「嫌だ」って言われましたね。まぁ、そうまで反対されちゃしょうがない。こっちも諦《あきら》めることにしたんです。そうしたら、途端、今まで出ていた月がふっと翳《かげ》って――翳ったと言っても、月が全部隠れたわけじゃない。景色はまだ見えたから――山の上から、白い霧がパァッと降りてきたんです。

それを見て、私は初めて、あぁヤバかったのか、って気がついた。でも、友達は霧には全然気づかないらしく、まだ「あそこ怖いんだよな」とか噂話を続けてる。だから、

「ねぇねぇ、私、思うんだけどさぁ。あの霧に追い付かれるとマズイんじゃないかなぁ」って言ったのね。

本当に、やめたと決めた途端に霧が降りてきたからね。これはもう、こっちが来ないから、お迎えが来ちゃったなって感じで。

そうしたら、その子達、「キャー」と叫んで、全員でダァーッと逃げ始めたのよ。私も付いていったんだけど、その霧の速いこと速いこと。見る間に山の中腹からこっ

ちへ迫ってくるんですよ。あれはさすがに焦りましたね。

まぁ、結果としては、追い付かれずに済んだというわけなんです。暫く山を下った先に村道があって、そこから景色が変わるんです。そこまで走っていったら、霧は追ってくるのをやめたんですね。

そのときは「もう二度と行くなよ」と念を押されたんですが……。

だけどね。お察しのとおり、私は懲りない（笑）。

次の日の昼間、私、彼女達とは別行動をしたんです。それで、やっぱり、あの山が気になってね。もう一度だけ、行ってみようと考えた。

昼間だったらいいだろう。きっと雰囲気も変わっていると思って、昨日と同じ道をまた、テケテケ歩いた。

で、雑木林を抜けて、広場に出た途端、私、もう、唖然《あぜん》としちゃって。

なんでかって言うと、昨晩見ていた山がないんですわ。低い手前の山だけで、その奥の、私がうっとり見ていた山がない。

「ええっ？」って、ひとりで叫んで、口開けちゃいました。

でも、昨日、友達は「あの山の登山道がどうこう」という話をしていたし。どういうことだか、わかんなくなっちゃって。

それで、三途の川と呼ばれているところを渡って、ちょっと左側の方に行ってみた。

けど、どこまで続くのかわからないような山道で、結局、現実的に迷いそうな感じになってきたので、そのまま帰ってきてしまった。

全然、腑《ふ》に落ちなくってさ。気持ち悪いから、合流した友達に話してみたのね。

「あのさ。言うこと聞かなくてゴメンなんだけど、私、昨日と同じところに行ってきたんだよ。それで、ちょっと訊きたいんだけど、あなた達はどんな山を見たの」

訊《たず》ねた結果、わかったのは、彼女達は手前の低い山しか見ていなかったということ。じゃ、私が見ていた、遥か彼方から霧の降りてきた、美しい山というのはなんだったんだろう……と。

うん、霧そのものは彼女達も見ているんだけど、低い山から降りてくる霧、っていう形で認識していたんだよね。その低い山自体も、ヤバいんでしょうね。きっと、何かあるんでしょう。私が見ていたのは、その奥にあるモノだったということなのかな。

後で地元の人に訊いたら、「昔は修験者が、あそこら辺を歩いていた」という話は出たんだけどねぇ。

療養地の一夜

幼い頃の話になるけど、私は昔、身体がすごく弱くって、しょっちゅう死にかけてたんですよ。今は「殺しても死なない」と皆に言われるんだけど（笑）。

いや、本当に一時期は地方療養に行ってたくらい、身体が弱かったわけですよ。幼稚園くらいのとき、四十度近い熱がずっと出てて、「もう駄目じゃないか」と思ったことがあって。そのとき、はっきり憶えているのが、寝ているときに——昔の家ですから畳の上でね、下町の長屋みたいな感じの家だったんだけど——私が氷嚢《ひょうのう》を頭に乗っけていると、枕元のところに従弟《いとこ》が座っているんです。ニコニコニコニコ笑ってね。

「あ、××ちゃん」と思って周りを見ると、蒲団《ふとん》の周りをずらっと知らない人達が囲んでて、ちょっと身を乗り出すようにして、私の顔をじいっと見ている。そして、やっぱりニコニコ無言で笑ってる。

それで、母親が心配して見にきたときに、「お母さん、お母さん。枕元に、××ちゃんがね、いるよ。お見舞い？」って訊いたのよ。

でもさ、その子、死んじゃってるんだよね。さすがに母が「ひぇー」となってね。

私と同じ歳で、ちょっと前に病気で亡くなった子。

その子が死んだのは知っていたはずなんだけど、そのときは、あぁ、久しぶりって感じで。すごく仲の良かった子だったから。

私、病気とかの特殊なときを除いても、物心ついたときから見えていたというか、なんか感じていたみたいでねぇ。

これからする幼い頃の話は、怪談というよりオカルトっぽい話になるんだけど……。

結局、そんなふうに身体が弱いもんだから、本当にしょっちゅう熱を出す。しかも、いつもはっきりとした原因がない。何かっていうと、自家中毒という形で診断されるしかないような状態に陥るの。けど、そういうときに必ず声とか気配とか、そういうのを感じていたんです。

小さい頃、住んでいた場所の裏に、家と家の隙間——猫くらいしか通れないような道とも言えない路地があったんだけど、そこに必ず男の人が立っていた。

なんで、あそこ、男の人がいつも立っているのかなぁ、と思ってたんだけど、なぜか親には告げた憶えがないんだな。

今でも憶えているんだけど、痩身《そうしん》で、垢《あか》じみたコートを着た男の人がね。こっちを見るわけでもなく、ちょっと俯《うつむ》き加減のまま、夜でも昼でも立っているのが、窓から見える。

でも、そんなのは、ほとんど気にしなかった。物凄い辛《つら》い気持ちになるのは、具合が悪くなったとき。

まず、周囲の時計の音とか、些細《ささい》な物音が異常に大きく聞こえ始める。しかもそれが、自分の身体のリズムと微妙にずれる。自分が放った声が、何分の一秒とかの誤差を生じて空間に響く感じになるの。空間もずれるし、手足の感覚もずれてくし。

今だったら「精神疾患かよ？」とか思っちゃうんだけどね。そのときは音が圧迫してくる感じで、もう泣くしかなかったね。で、そのずれた時空間の間に、男とか女の声で、耳元に囁《ささや》きかけてくるものがいるわけですよ。

当然、具合が悪いから、病院に連れていかれるでしょう。でも、病院に行くと、余計に酷《ひど》くなるんだな。

診察室のドアノブの下、鍵《かぎ》穴から誰かが覗《のぞ》いてたりとか。それが異常に大きな赤い眼をしていたりとか。なんとかしたいんだけど、具合は悪いし、口はよく回らないし。怖くて、母親にしがみつくんだけど、それでも周りの色んな音とか、変な空間の歪《ゆが》みみたいなものは治まらない。時間が経つと、いつの間にか、ふうっと楽になるんだけどね。

そんなことを繰り返しながら、幼稚園の半ばまで東京で暮らしていたんです。でも、正直な話、「幾つまで生きられるかわからない」みたいな言われようをしていたらしく、ついに埼玉の方に療養に行くことになってしまった。

療養といっても施設じゃなくて、親戚《しんせき》を頼ってね。空家が一軒あったので、そこを借りて。父は仕事で来られないから、母と私だけで暮らすことになった。

で、引っ越してきた当日の夜のこと。その晩に、今までの気持ち悪さをひっくるめたようなもの……ありとあらゆるものを総合して、お釣りが来るほどのすごい気配が襲ってきたんです。

あ、ちなみに、そのときのことは、のちに母から聞いた話も総合して話しますね。自分じゃ、何やってんだかわかんなかった部分もあるんで。

ともかく、夜、寝てからですよ。私は母親にしがみついて離れなかった。母が言うには、夜中に思いっきり私が抱きついてきて、「だっこしてくれ」と言うんですって。で、母親が言われたとおり、私の背中に手を回すとね、「そんなんじゃ駄目だ。もっと強く。連れてかれる！」って叫ぶんだって。それで母親が、ぎゅうっと……骨が折れちゃうんじゃないかしら、というような力で抱くと、暫《しばら》くは黙って息を殺している。けど、母も疲れるじゃないですか。で、ちょっとでも手を緩めると、「駄目だよぉ！」って泣き叫ぶ、と。

私自身も、そのときの感覚ははっきり憶えてるんです。ともかく、母親が僅《わず》かでも手を緩めると、背中の方から――首の付け根辺りから――ガッと、自分の中の何かが引きずり出されていくような、物凄《ものすご》い感覚があって。

結局、一晩中、私、夜が明けるまで、母に抱くことを強要し続けたんです。もう、母親はへとへとだったらしいんだけど、何にせよ「寝よう」って言っても聞かないし、少しでも手を離すと「駄目だ、駄目だ、連れていかれる。もっと強く抱け」って、言い続けていたらしい。

そして、ようやく夜が明けて、落ち着いて……その日以来、私は風邪ひとつひかなくなっちゃった（笑）。

たぶん、そのときに連れていこうとした何かがあったんでしょうね。それが元々場所にあったものなのか、家から憑《つ》いてきたものなのかはわからない。

でも、私の身体の弱さに関して、ともかく場所を変えなくてはと、母が思ったのは確からしい。母も決して勘の鈍いほうではないからね。

大体、療養自体、医者に勧められたということで父を説得したらしいけど、最近、聞いたところによると、あれ、母の一存だったみたい。

理由はともかく、母は直感的に、このままだったら私がヤバいと思って、それで転地に踏み切ったというのが事実だったらしいですね。

で、そのことに関して、後年、「あれ？」って思ったことがひとつある。

安倍晴明《あべのせいめい》が身固めの術をやったっていう伝説があるじゃないですか。死霊に取り憑かれた青年貴族を「お前は今日ヤバいから」って言って、一晩中抱きしめて守るという話。それを読んだとき、「あ、これって、私のときと同じだ」って思ったんです。

もちろん、当時はそんな術知るはずないんだけど、本能的に、こうやって抱いてもらってれば大丈夫みたいなものがあったんだな、と。

私は母に身固めをさせたんだなって思いますね。

＊

三津田　まぁ肉親のほうが強いんだろうな、全然知らない人が抱きしめるよりは。普通なら連れていかれてる人も一杯いるのかもしれない。

加門　いるかもね。あれは本当になんとも言えない、筆舌に尽くし難い妙な感覚……。

三津田　お母さん、当然、強烈に憶えてますよね。

加門　憶えている。

三津田　五、六歳ですか。

加門　そう。結局、幼稚園を途中で退園して、二年間埼玉に行ってたからね。でも、その夜以来、元気になっちゃったんで、結局、二年遊んでいたというだけでしたね。

まぁ、ある意味の療養にはなったんでしょうけど、そこで英気を養って段々元気になるという、そういうものではなかったわけです。

三津田　それがあってから埼玉での二年間は、特に怖い体験はないんですか。

加門　まるっきり。何もないですね。

＊

犬の夢

その埼玉県の親戚の家に、犬がいたんです。私は昔から動物が大好きで、その犬とも本当に仲が良かった。小学校に入学するため東京に戻ってくるときに、犬と離れるのが辛くって、電車の中で延々泣いていたくらい。姉妹みたいに、仲のいい犬だったわけ。

それで、小学校の高学年になったとき、ある夜、その犬の夢を見た。

これはまぁ、オーソドックスな話なんだけどね。広い河原があってさ、向こう側は暗くて見えない。その向こう岸に、犬がパシャパシャと渡っていってしまうのよね。

私は途中まで行って名前を呼ぶんだけど、犬は一度振り返って、向こうに渡っていってしまった。

私は起きた瞬間、パッとカレンダーと時間を見て。なんだか知らないけど、この日は憶えておかないと、と思ったの。親には「犬の夢見たよ」って言ったような気がするんですけど……よく憶えてないな。

それから一年以上経ったとき、埼玉の叔母から連絡があった。私の可愛がっていた犬が、一年ほど前に死んじゃったってね。

「何月何日何時？」って訊《き》いたら、ちゃんと教えてくれて、それが私が夢を見たときと一致してた。

あぁ、やっぱりそうだったか、と。

叔母さん曰《いわ》く「急に言うとショックだろうから、ほとぼりが冷めるのを待ってから言ったんだ」って、私は話を聞いて、やっぱりなぁって思っただけで。

臨死体験とかで見る三途《さんず》の川とか天国の門とかのイメージってさ、下知識があって、そういう映像を見るって言うじゃない。でも、私、あの年齢の頃、三途の川とか知ってたのかな。広い河原で……独特な……。

それが小学校の高学年のときで、三途の川続きでもうひとつあるのが、知人が亡くなる数日前の夢の話。

振り向けば……

彼女はずうっと長い病で、正直、あんまり幸せな人じゃなかったんです。いわゆる難病というやつで、寝たり起きたりを繰り返しながら、段々悪くなっていっちゃう。その人とは、家族ぐるみのつき合いだったんだけど、個人的に遊んだりするほどの親しい関係じゃなかったのね。時々、病状を聞かされていたくらい。だから、この話には、病状についての情報が反映されている部分もあるかもしれない。

その人が亡くなる二、三日前に、やっぱり三途の川みたいな夢を見た。そのときはね、自分が高台かどこかから見下ろしているような感じ。河原にはごろごろと白い石が転がっていて、でも、草なんかも生えているような……ちょっと北アルプスにある渓流みたいなところなんだよね。

その河原に彼女がしゃがんでて、じっと景色を、川の流れを見ているの。暗い顔をして、膝《ひざ》をかかえて、黙ったままで。

夢の中、私は彼女を見下ろしながら、その人の名前を呼ぶんです。「〇〇ちゃーん」って、大声で。だけど、彼女は振り向かないの。気づいているはずなんだけど、黙って蹲《うずくま》っている。

私はそのとき、振り向いてくれさえしたら何とかなると思ってて、ともかく一生懸命に「〇〇ちゃーん。〇〇ちゃーん」って呼び続けるの。けど、結局、彼女が振り向かないうちに、ふっと夢から覚めちゃった。

起きてから、泣けてきちゃってね。あぁ、やっぱり駄目だ。もう生きるの辛《つら》いんだよなぁって思っていたら、翌々日くらいに亡くなっちゃって。

＊

三津田　声っていうのは、よく言うよね。で、振り向いて助かるというパターン。でも、その人自身が生きたくないと思っていたら……。

加門　ねぇ、駄目なんだなぁって。あれはかなりシンドかった。

三津田　三途の川……か。

加門　夢で見た三途の川は、そのときによってイメージが一定化していないのね。犬のときは向こうが暗くて見えないくらいで。浅いんだけど、すごく川幅の広い川だったし。

彼女のときは、流れが速くて、向こうが見えるくらいの川幅。

なんかね、あれ、もっと川幅がどんどんどんどん狭くなって陸続きになったら、私の番かなとか思ったり。

三津田　病気で亡くなった人のときって、幾つぐらいですか。

加門　大学くらいかな。犬のときと、かなり時間的な隔たりがありますけど。

三津田　陸続きになると自分の番というのは、いいね。それもう一度見て、もっと川幅が狭くなっていたら……。
加門　怖いよねぇ。
三津田　しかもしょっちゅう見るんじゃなくて、そういうふうに時間が空いている。もう見てないでしょ。
加門　うん、見てないですね。
三津田　それは怖いなぁ。
加門　でも、自分の希望としては、川は渡っていきたいですから。
三津田　まぁ渡らないと、ある意味留《とど》まるということで。留まって、さ迷うというイメージはありますよね。
加門　元々、水辺好きだしさ（笑）。
三津田　水辺に幽霊とかが集まるというのは、三途の川とも関係あるんですかね。
加門　どうだろ。確かに水っぽいところは多いよね。
三津田　多いですよね。関係あるのかな。結局、三途の川を渡れないというのは……ね。こっち岸か川の上にいるって考えたら、水辺ですからね。だからよく水辺って言うのかな。あれがよくわからないんですよ。なんで水辺に集まるんだって。
加門　湿気のあるところ。墓地なんかでも湿気てるところとか……。

三津田　なんとなくイメージ的に、幽霊＝湿気っていうのはあるんだけど。
加門　そうなんだよね。
三津田　うーん。
加門　わかんないよね、そういうの。
三津田　確かに梅雨時の幽霊って怖そうだけど。じめじめしていて。やっぱり日本的なのかな。
加門　砂漠でも、幽霊は出るでしょうから。
三津田　ただヨーロッパ、特にイギリスなどは冬場に暖炉の周りに集まって怪談をしますよね。気候風土かな。イメージだもんなぁ、ひとつの。
加門　幽霊にも文化背景というか……つまり日本人の幽霊だったら、うちらが出るのはお盆だとか、お彼岸だとかいう意識は持ってるはずですよ。それで、水っぽいところに出なきゃいけないって思っている人もいるのかも。
三津田　うーん、でも一応は年中、出るのは出るんでしょう？
加門　まぁ、出るには出るけど？
三津田　あれかな、より一般的な幽霊というのはそうなのかも……。大衆的な幽霊というか、害のないあまり怖くない幽霊は（笑）。
加門　お盆、お彼岸系の話って結構あるじゃないですか。迎え火の話とか。向こうもきっと意識していますよね。例えば、親戚《しんせき》の人が引っ越したときの話。そこの家の従姉《いとこ》が、お婆ちゃんと仲が良かったんですね。そうしたら、お盆のとき、夢に亡くなったお婆ちゃんが出てきて、「お前の家がわからない」って言うんですって。これ、引っ越しちゃったからですよね。

彼女は信心深い人でもないはずなんだけど、そのときは「お婆ちゃんが家わかんないって言ってる」と、家人に告げて。それで、実家の仏壇のあるところから、提灯《ちょうちん》に火を灯《とも》して新しい家まで歩いて道案内をしたんですって。

三津田　へぇ、いい話ですね。文化というか習慣として、そういう行事をやるというのは良いことだと思うんです。季節もわかって先祖の供養にもなるし、家族の団欒《だんらん》にもなって。信心するしないは別にしても、そういうことが、自然にできていた頃の日本は良いと思います。

加門　明治になって暦が改正されたせいで、今のお盆って、新暦の盆と旧盆のふたつがあるでしょう。私、どっちに来るか迷わないのかなって、いつも心配しちゃうのね。

うちは東京だから新暦でやりますよ。七月に迎え火焚《た》いて、数日後に送ってあげるんだけど、地方って八月にやるじゃないですか。そうすると、お盆が二回になる。私なんかも疑問に思いながらやるし、来る側も疑問に思うんじゃないかなって。
三津田　幽霊がいるいない以前に、そういった行事は習慣ですから、毎年変えると駄目だけど、ひとつの家なら途中で変えても継続してやっていたら、それはOKだと思うんですよ、来る側も。やはり継続することが大切です。意図的に変えることはないでしょう、ころころと。フェイントをかけてやろうなんて、誰も思ってないだろうし（笑）。
加門　だけど、日本全部が旧暦だった時代の霊とか、暦の違う場所に引っ越しちゃった家族の霊とか。戸惑わないのかな。
三津田　そういう霊もいないと、幽霊が出てこなくなりますよ。
加門　なるほどね。しかし、それでいいのか？（笑）
三津田　昔は人が死んでから埋葬されるまで、執り行う儀式の内容が豊かじゃないですか。地方によっても色々違いますし。ああいうのが本当にすっかりなくなったなぁと。あまりそれに囚《とら》われてお金ばっかりかかって大変なのも、どうかとは思いますけど。
加門　折角、日本人に生まれてきたわけだから、大事にしたらいいのにな、と思うけどね。
三津田　それで結構由来とか調べると、単なる語呂《ごろ》合わせだったりして下らなかったりするんですけど。ただ、習慣というのは力だと思うから。それがいつの間にか力を持つと思うんですよ。信心というのは、どこまでそれを真摯《しんし》に継続させるか、ということでもありますからね。

・加門　そのとおりですね。

私、お盆とかお彼岸とかで、インパクトのある話ってあまりないんです。『文藝百物語』に載せた話……母親が「明かりを貸してください」って声を聞いたというやつくらいで。

見ないというより、いるのが当たり前って感じでね。だって、拝んでいるときに気配がしたりとか、お盆とかお彼岸の最中に亡くなった人の夢を見るとか、枕元に立って墓参りに来いと言われたとか、道路を歩いていたら誰かが横切るとか……当たり前じゃあないですか。

＊

震災記念堂

幽霊関係では、今だに継続中の震災記念堂の話というのがあって。

場所は両国《りょうごく》。清澄《きよすみ》通りと蔵前《くらまえ》橋通りの角にある別名東京都慰霊堂という建物の話です。

この話はある程度、他のところでも語ってるんだけど、実はすごく長い話なんですよ。

最初に遭ったときの年齢は曖昧《あいまい》なんだけど、療養に行っていた前後。東京にいた頃の話ね。

うちは昔、墨田《すみだ》区に住んでいたんで、慰霊堂が比較的近かったんです。それで、父に遊びに連れていってもらったの。

結構、広い公園なんですよ。公園の中に水道があってね、その側で、私はひとりで遊んでいた。きっと、父親はベンチに座って煙草でも吹かしていたんでしょう。ひとりで遊んでいたら、父親とは反対の方角から、知らない男の人が近づいてきたんです。

うん？　と思って。なんか、変な恰好《かっこう》してるなと。

今、思い出すと、ナッパ服と言われるようなものを着て、ゲートル巻いて、帽子を被ったオヤジですね。そいつがこっちに近づいてきて、無言のまま、いきなり私の手を引っ張ったんです。右手首を摑《つか》んでね、ぐいぐい引っ張るんですよ。

私はびっくりしたけど、なぜか「きゃっ」とも言わなかった。もちろん怖かったけど、それよりも、早く手を引っ張り返さなくちゃ、と。

でも、すごい力で引っ張られてね。私も無言で抗《あらが》いながら引っ張り返して……繰り返しているうちに、肩を脱臼《だっきゅう》してしまったんです。

ガクッと肩が抜けた途端、男はいなくなっちゃった。私は痛くて「ギャーッ」って泣いて。

父親がすっ飛んできて「お前、どうした？」って訊《き》くんだけど、何がなんだかわかんない。もちろん、脱臼だってこともわからなくて、私はただ、ぎゃあぎゃあ泣き喚《わめ》くだけで。

「痛い」とかは、言ったんですかね。そのまま病院に担ぎ込まれて、「脱臼してます」って医者に言われて。

当然、後で父親に訊かれましたよ。

「お前、あそこに立っていただけじゃないか。なんで脱臼するんだ？」って。

でも、そのとき、私はなぜか、理由を言っちゃ駄目だって強く思っていたんです。

「オジサンに引っ張られたんだ」と言っちゃ駄目だと。だから、ずっと首を振って、理由を言わなかったのを憶えているんですけれど。

なんで言っちゃ駄目だと思ったのかは、わかんないですね。ただ、幾つか怖い思いをした中で、言えないものというのが、今だにあるんですよ。どうも、ああいうものは、言葉にしていい時期っていうのが、あるみたいで。

だから、うわーすごいことになったなぁというときも、喋《しゃべ》れるというのはある程度の目処《めど》がついたりとか、距離が置けたときですね。通りすがりに見てしまいました程度だったら、いつだって喋れるんだけど。

でも、そういう中にも、これは話したら続くなとか、あるいはそれによって障《さわ》りが出てくる気がする話が幾つかあって。それはねぇ、喋れないのね。だから、あのときも、それと同じ感覚を持っていたのかもしれないですね。

その後、引っ越したこともあって、震災記念堂は暫《しばら》く疎遠になっていたんです。ところが、成人して勤め始めたら、またまた縁づいちゃって。

仕事とかで、帰りが深夜になると、タクシーで帰らなくちゃならない場合があるでしょ。問題はそのときなんですよ。

墨田区から出たとはいえ、私、今、住んでいるのもその近隣ですから、行き先を告げると、タクシーはわかりやすい道として蔵前橋通りを通るんです。と、当然、見えるのよね、例の慰霊堂が。最初は気づかなかったんだけど。でも……。

慰霊堂の手前に、ひとつ信号があるんだけど、夜中の二時三時に通ると、必ずそこの信号で赤になっちゃうの。あるとき、ふと、そのことに気がついたんですよ。

大体、タクシーって、ひとりで乗ると左側に座りますよね。そうすると、車外の景色を見るときは、普通、左側を見る。新宿方面から帰ってくると、慰霊堂は右側になるんです。ところが、その信号で停まる寸前、私はなぜか必ず右側を見ちゃうんですよね。

あっと思って、視線を逸《そ》らすでしょ。すると、信号が赤になる。いつも、早く動かないかなぁって思って……。それを何度も繰り返したんです。

そのうち、近くまで来ると、意識的に左に首を向けるようにしたんです。なのに、慰霊堂の手前まで来ると、気を付けてるのに、パッと右側を見ちゃうんですわ。あぁ、また見ちゃったよぉってことが、ずっと続いて。

まぁ、それだけで済めば良かったんだけどね。一回、お盆だかお彼岸だかのとき、ふと慰霊堂に目を遣《や》った途端、全身、水を浴びたようにゾッとしたことがあったんです。

慰霊堂は、木の沢山茂っている公園で、夜になると黒々として森のように見えるんです。そこ一面に女の顔がパンッと、大写しで見えたんですよ。

でっかい。視野一杯の、半透明の女の顔。

あっ、やられたと、そのとき思いましたね。それで、思ったとおり憑《つ》いてきちゃったんですよ、その人。

幸い、酷《ひど》いことにはならなくて、あ、いるいる、まだいるとか……二、三日思っている間に消えてしまいましたけど。

そのことがあってから、今度は左側の風景を憶えているようにして、あの看板が見えたら次の看板に至るまでは、絶対に右を見てはいけない、と自分に言い聞かせてタクシーに乗るようにしたんです。まぁた、信号で停まってるよ、と思いながらも、左をじいっと見て、慰霊堂が過ぎるのを待ったんですね。

ところが、ところが。あるとき、やっぱりその信号で停まって左側を見てたらね、今度は左から来たの（笑）。

夜中、人っ子ひとりいない歩道から。車が停まって、運転手さんがサイドブレーキをギッと引いた途端にね。

かなり背の高い人だったのかな。車の窓に遮られて、首から下と、腰から上の間しか見えなかったんですけどね。男の人っていうのはわかったし、経帷子《きょうかたびら》を着ているのもわかった。

それが、停車した途端、猛スピードで滑るように迫ってきて、車にバンって当たって、慰霊堂に抜けていった。同時に、車がガタガタガタって激しく揺れて。

運転手さん、驚いちゃってね。

「今の、今の、なんですか」って訊くんだけど、私は「さぁ……」としか言えないでしょ。「エンストでもしました？」「いや、そういうんじゃないんです」って。

そのときは取り憑かれるとかはなかったですね。単に、通り道にされた感じ。

とはいえ、さすがに懲りちゃって、あの道を通るのはやめようと思ったんです。わかりにくいのは承知だけど、迂回路《うかいろ》を通ることにしようと。

やっぱり、今だに飲み会とかで夜中遅くになるでしょう。そういうときは、わざわざ道を指定して、慰霊堂の横を絶対に通らないようにしてるんですよ。

で、私自身は、これでもう大丈夫だと思っていたわけなんだけど……あれは去年の夏。電車に乗っていたとき、またもや、慰霊堂になつかれちゃった（笑）。

乗ってたのは、総武《そうぶ》線の電車でね。総武線っていうのは両国駅に停まるんですよ。それで、手前の錦糸町《きんしちょう》駅から両国駅の間に清澄通りがあって、道の先の左手に、線路からは見えないんだけど慰霊堂がある。

そのとき、私は椅子に座っていたんです。そうしたら、錦糸町の手前から乗り込んできたオバサンが三人……終戦記念日近くだったせいかもしれないけど、「昔ここら辺も空襲で」みたいな話を、私の前に立って始めたんですね。

「空襲で……」「そうそう。そういえば、あの慰霊堂でも沢山、人が死んで……」と。

嫌な話を始めたなぁと、思ったんです。

慰霊堂のある場所は、昔は陸軍被服廠《ひふくしょう》になってててね。関東大震災のとき、生き残った人達が大勢避難した場所なんです。なのに、火事から発生した熱風の竜巻が広場を襲って、せっかく逃げた場所で、何万人という人が死んじゃったというところなんです。

オバサン達、よしゃあいいのに、そんな話をするわけね。

私は、なんで私の前で？　おいおい、ここ、両国じゃん、とか思いつつ、下向いてたら、電車が急にガタンって停まっちゃったのよ。

顔を上げたら、まさに清澄通りの上でね。あぁ、またぁ……って思って。でも、オバサン達は「あらっ」とか言いながら、まだ慰霊堂の話をしている。

電車は、いつまで経っても動かないし。車内アナウンスでは「今、トラブル箇所を調べてます。原因は不明です」とか流れるし。

彼女達は「いやぁね、どうしたのかしら」と言いながら、慰霊堂の話を続けるわけ。

こっちとしては、テメェら、いい加減にしろよって感じなんだけど（笑）。

私は絶対、この三人が話を終えるまで、電車は動かないなと思って。ともかく、外は見ませんよ、と腹に決めて、活字なんか頭に入らないんだけど、本を読んでたわけですよ。

そうしたら、あんまり停止が長いので、中の人達が携帯電話で連絡を取り始めた。

そこでやっとオバサン達が、「最近の若い子達は携帯電話を車内で大きな声で」と話題を変えたの。途端、ガタッ……って、電車は動き出しました。

＊

三津田　それは、その場所自体に何かがあるんでしょうけど、加門さん自身もその場所に対して……。

加門　うちの家系は幸いなことに、震災でも戦争でも、ひとりも死んでいないんだけど。今だにそうやって続いているということは、何かあるとは思うのよね。変な話、そのうち決着をつけないといけないのかな。

三津田　例えば、その電車に加門さんが乗っていなかったら停まってなかった？

加門　わかんないよ、それは。ただ、オバサン達、あからさまに私の前に立つんだもん。席も空いてるんですよ。電車は全然、混んでなかった。なのに、私の座ってる前に三人が立って、話し始めるというのは……。

まぁ、場所自体にもいろいろあるんだろうけどね。やっぱり私自身にも、何か因縁あるんだろうな。

三津田　車内でオバサン達は立っていた？

加門　そう。私が座っていたら、三人が入ってきて、前に立って。吊革《つりかわ》に摑《つか》まりながら、喋り始めた。

三津田　座れるところがあるのに？

加門　うん。何かの回し者臭いよね（笑）。
三津田　オバサンは普通の人達なんでしょ。
加門　そう、普通のオバサン。
三津田　そういうのが一番怖いね。一種の共時性なんだろうけど。まぁ回し者と勘ぐっちゃうよね、宇宙人の話に付いて回る黒服の男（メン・イン・ブラック）のように（笑）。
加門　そんな大袈裟《おおげさ》な回し者じゃないにしてもねぇ。
　慰霊堂は脱臼《だっきゅう》のときから、ずうっと何かあるのは確かなんだよね。むしろ「怖い怖い」と言ってないで行ったほうが……現場に行って、しっかり勝負をつけてきたほうがいいのかなとも思うんだけどね。その度胸も今のところないんで。
三津田　小さい頃から働くまでの間に話がないのは、行ってないだけでしょ。
加門　行ってないだけ。
三津田　どうなんだろう。一生行かなくて済むんだったら、行かないほうがいいかもしれませんね。
加門　ですけどねぇ。
三津田　まぁでも、死ぬまでに一度や二度、偶然通りかかることもあるでしょうし。

加門　だから、その程度で終わればいいんだけど。
三津田　とくに現象が酷くなっているわけでもないから、大丈夫なんだろうけど。正面きって行くのもひとつの手ではあるでしょうね。
加門　うん、手ではあるけど、怖いからなぁ。
三津田　凶と出たときに、ちょっと怖いですね。
加門　慰霊堂に手のひとつでも合わせて終わりゃいいんだけど、そうとは限らないからね。
三津田　一番怖い体験は何ですか。または喋《しゃべ》れないとか。
加門　うーん。そういうのもあるけど。一番怖い、ねぇ？
三津田　例えばトータルでというより、小学生とか高校生とか時代を区切ってでとか。まだ加門七海になっていなかったときに、今だったら対処できるけど、あのときは一番怖かった……みたいな。やっぱりさっきの連れていかれそうになった話かな。
加門　もちろん、あれは強烈ですよ。小さい頃の体験は、やっぱり印象強いよね。でも、幼い頃の話でも、怖くないのもある。例えば、通りすがりに、すごく綺《き》麗《れい》なお姉さんを見て、あぁ綺麗なお姉ちゃんだなと思って……。当時にしてはハイカラでね。テニスのラケット持って、黄色いリボンをカチュウシャにしていて、白いテニスルックなの。あの時分、ラケットを持って歩いているお姉さんなんて、下町にはいないわけですよ。髪の毛もサラサラで綺麗でね。少女マンガの中に出てくるようなお姉さんだと思って、振り向いたら、いないじゃん、って（笑）。
そういうのは見てたけど、別に怖くはないですよね。ギョッとするタイプってのは、知人のマンションの窓を開けたら半裸の男が……。
三津田　半裸？
加門　半裸の男がさぁ、目が白目しかない奴が犬みたいに蹲《うずくま》って、マンションのベランダを舐《な》めていたとか。
三津田　おおぉ。餓鬼みたいな奴ですかね、一種の。
加門　そう。あのときはさすがに仰天しましたよ。それこそ、ショッカー！ってヤツ。
三津田　なんなんでしょうね、そういう何とも表現できないモノたちって。昔で言うところの物の怪《もののけ》なんだろうけど。
加門　私は、本来なら妖怪《ようかい》や物の怪に分類される連中が、今の時代、幽霊とひと括《くく》りにされてたりとか、あるいは宇宙人とひと括りにされていたりとか、そういうことってある気がする。

三津田　幽霊じゃない、という気はしますね。昔で言うと妖怪か。でも恰好《かっこう》が人間みたいだったりするから、妖怪というよりは、やっぱり幽霊……か？　それにしては……。
加門　でも、奴ら進化していますよ、確実に。
三津田　ほうっ。でも、餓鬼と宇宙人のグレイが同じだとかいうのは無理やりだと思うな。
加門　河童《かっぱ》と似ているとかね。そういう話の真偽はわからないけど、妖怪も昔のまま出てきているわけはないと思う。
三津田　妖怪はそんなに怖いと思わないんだけど、そういう現代の妖怪と言えそうなモノって結構怖い……。
加門　怖いですね。
三津田　登場が本当に唐突で。
加門　唐突に来て、唐突に去っていくという。
三津田　それで意味がない。因果関係がありそうでなくて、わけがわからない。これは結構怖いと思う。
加門　やっぱりねぇ、向こうも色々と変えてきている。
三津田　昔の遠野《とおの》関係の本とかを読んでいても、幽霊の話と同じくらいに、なんか妙にそういう物の怪、例えば狐狸《こり》が化かしたという話にリアリティがあるんですよ。

＊

狐が棲む

そうそう。狐の話といえば。

これは私としては、ほのぼの系で、いい話に入るんだけど。狐にね、化かされそうになったことがあるんですよ。

今の仕事に入ってからなんですけど、最初はひとつの夢からなのよ。

最初は夢。夢に猫が出てくるんです。

その猫が夢の中、ビルの上から落っこちて死んじゃうの。あぁ、可哀相にって、私は猫の死体を抱いて、なぜか病院の――夢ですから支離滅裂ですよね――ベッドの上に寝かせてあげるんです。

それで、「可哀相に、死んじゃったよう」って嘆きながら見ていると、猫がパチって目を開けて、パッと狐に変わるわけ。

すごく悪戯《いたずら》そうな小狐なのね。鼻筋が白くて、綺麗な金色の毛をしてて。そいつが「へへーンだ」って顔して、ピョンと窓から飛び出して逃げた。夢の中、畜生やられた！　って思ってね。

起きてからも気になって、なんだろうな、あの狐は？　と首を傾げてたら、次の日、母が「昨日ねぇ、夢なのかどうかわからないんだけど」って、話し出すんです。

そのとき、現実として、家の窓際にバナナが置いてあったんですよ。それをね、「窓から赤い着物を着た女の子が現れて、バナナを盗っていっちゃったのよ」って、母が言う。

「えっ、お母さん、本当に盗られたの」と訊《き》くと、「本当に盗られた」って。

確かに一本、ないんだわ。しかも、母が「この！」と窓を開けたら、外からお囃子《はやし》が聞こえてきたんですって。いわゆる、神楽囃子《かぐらばやし》ってやつ。

母は「どこから聞こえてくるんだろうと思って、ちょっと探しに行ったのよ」って。

それ聞いた瞬間、私の頭には「狐」って浮かんで。

母は「でも、どこかわかんなくって。どこまで行っても祭囃子が聞こえるから、帰ってきちゃった。お祭りあったのかね」ってさ。

私はそのときは素直に、「狐に化かされたんだよ」って笑いました。

でもさ、神楽囃子で化かすなんて、あまりにもオーソドックスだって思って。夢か現《うつつ》かわからないってのも完全に定型踏んでるし、さっきの妖怪進化論とは流れが逆でしょ。だから、妙に疑っていたのよね。

そうしたら、それから、一週間もしないうちですよ。当時、親しかった人から電話がかかってきて、

「昨日、夢の中だけどねぇ、なんか加門さんが出てきたんだよね」って。

「どんな夢？」って訊いたら、「それが人を馬鹿にした夢なのよ」と。

夢の中、彼女が私と称するものと会ってると、それがニコニコしながら、彼女の持っている腕時計を「これ、ちょうだい」って、指差すんだって。躊躇《ちゅうちょ》すると、「代わりに、これあげるから」って、木の実とか木の葉を出すんだって。

「これは大事だから駄目だよ」って言うと、本当に子供みたいな膨れっ面をして、また「じゃ、これちょうだい」って、他の物を指す。「えっ、これ？」と、またまた躊躇《ためら》うと、「これあげるから」って、やっぱり木の実とか木の葉を出す、と。

私、その話を聞いて、もう可笑《おか》しくなっちゃってさ。

「ごめん、それ、家にいる狐かもしれない」って。

本当に、昔話みたいな展開でしょ。でも、このまま悪戯を続けられるのは困ると思ったのね。その頃から、うちにいる猫がおかしくなってさ。

夜、何もない天井を見て、何かを取ろうとする仕種《しぐさ》をしたり、見えない何かを追い

かけて遊んでたり、そういうことが起こり始めた。

母と私、知人の話を総合するだに、正体は例の小狐でしょう。

悪戯者がいるよ。どうしようかな。

そう思って暫《しばら》く、考えました。

私は動物好きなので、家の中に狐がいても一向、構わないんだけど。そういう細かい迷惑もあるし、何にしろ、その小狐、躾《しつけ》がなってないらしい。

それで、あるとき一計を案じて。

私がよく行くお寺の隅にお稲荷《いなり》さんがある。そこにお願いしてこようと思ったんですね。

私、伏見《ふしみ》稲荷の祝詞《のりと》を持っているんです。その裏に、全国のお稲荷さんすべての名前が網羅されているリストが載ってるの。まず最初にそれを使って、ヤツに名前を付けようと思った。

オカルト的な作法だけど、名前を付けないと多分、言うことを聞かないと思ってね。まぁ、名づけというより、そのときは名前を知ろうという感じだったけど。

稲荷に向かう道すがら、祝詞を見ないようにして、指で一点を指してみた。当たったところを小狐の名前にしようって思って。

でも、最初に当たった文字が、非常にダサイ名前だったのよ。私の美意識に反するわけ。

　それで、もう一回やることにして、一旦、祝詞を閉じて、別の頁を開いて指差したら、また同じ文字に当たった。

「あぁ、わかった。お前の名前は、このダサイのだな」と(笑)。

　それでお稲荷さんに到着して、

「これこれこういう奴が悪さをするので、すみませんがそちらに暫くお預けいたします。どうぞ、修行さしてやってください」って、お願いしたの。そうしたら、以来、家の中は静かになったわけなんです。

　そこで話は、一段落したんだけどね。一年ちょい経った頃。たまたま、そのお稲荷さんの側を歩いていたんです。

　日曜日で、結構人通りも多かった。その雑踏の向こうから、かなり大きくなった犬――一瞬、犬？　と思ったんだけどね――狐がね、人波を縫って、私のところに嬉《うれ》しそうな顔をして近づいてきたの。で、スルッと猫みたいに身をすり寄せて、ふっと消えちゃった。

　白い鼻筋に、金色の毛をしてて、あぁ、あいつだって、すぐにわかった。ちゃんと成長してるんだなぁって思ったら、嬉しくってねえ。

＊

三津田　それじゃ今は家にいないんだ。
加門　今はいない。
三津田　狐狸が化かすというのは、元々それ自体が動物じゃないのだろうな。いくらなんでも動物の狐狸そのものが化かすわけはないなと。ところが、地方の老人の聞き取りの文献などを読んでいると、妙にリアリティがあるんですよ。猫なんかもね、確かに見ていると何かをやりそうだなという雰囲気はあるんですが……。
加門　でも動物の勘の良さとか、侮《あなど》れないですよね。
三津田　そうですね。前に言ったと思いますけど、テレビだったかな、外国の幽霊屋敷かなんかの部屋で、動物を次々と連れていって入れたら、蛇と猫だけが異常な反応を示したとか。
加門　その番組、観たような気がする。
三津田　それで何かいるのかなという話になって。ほら、赤ん坊もそうじゃないかって言いますよね。さっきの猫の話じゃないけど、全然違う方を向いて結構なリアクションしているときがありますから。

加門　そうだよねぇ、あいつらはねぇ……。
三津田　まぁ赤ん坊だと言ってしまえば、それまでですけど。でも、逆に赤ん坊だからこそ、何もなかったら反応しないんじゃないかという気もする。大人だったら何もないところ見て、ぼうっとしてたりとかしますけどね。
加門　犬も好きなんですけどね。うちはずっと、猫を飼っているんです。先代の奴は本当に、老成してから色んなことを教えてくれたんですよ。
　出先で悪いことがあるときとか、止めるんですよね、あいつは。玄関に立ち塞《ふさ》がるようにして、咎《とが》めるように人の顔をじいっと見る。それでも振り切って行っちゃうと、何かしらアクシデントに遭う。
三津田　それは怪我とか。
加門　うん。怪我とか、非常に不愉快な目に遭ったりとか。そういうことがあって。
　でも、出掛けなきゃいけないときってあるじゃないですか。それで、猫に対して、「じゃ、どこそこの神社にお参りしてから行くから。大丈夫じゃない？」って言うようにしたら、するっと道を空けてくれる。
三津田　それで思い出したけど、京都で仕事をしていた頃にお世話になったデザイナーが、あるとき「実はかなり火傷《やけど》があるんだ」って話してくれて。修学旅行中に事故で、大火傷を負ったって。それで行く前に、お母さんがすごく止めたそうです。なぜかわからないけど「行くな」って。でも修学旅行だから、本人はそれを無視したわけです。理由はわかんなかったけど、やっぱりお母さんは何かを我が子に感じたんでしょうね。

加門　そういう虫の知らせみたいなものって、ありますよね。

台湾に旅行に行ったとき、やっぱり出掛けに猫が止めたんですよ。でも、そのときは、少し前におかしな夢を見てたのね。

まるでアジアングッズみたいな、黒い大きな牛が出てくる夢。石でできてるみたいな感じなんだけど、ちゃんと生きている牛で。その皮膚に、中国ではお目出《めで》度《た》いとされている蝙蝠《こうもり》とか、桃の実の柄とかが付いている。

夢の中、私はどこかの縁側みたいな場所に座っているんですけれど、その牛、のっそりと私の前まで来て、足の親指をギュッと噛《か》むの。

「痛い」って言うと、「飛不動《とびふどう》へ行け」って言って、消えちゃった。

夢から覚めて、「飛不動？　何それ？」って。気になったんで調べてみたら、実際、そういう場所があるのがわかった。

理由はわからないんだけど、私、台湾行く前にそこに行かないと、ヤバいような気になって、一生懸命、場所を探していったんです。そうしたら、そこ、飛行機のお守りを分けててね。飛行護《まもり》で有名なところだったんですよ。

お守り見た途端、「これだ」と思って、それ頂いて。で、出掛ける当日になったら、猫が玄関で咎めるように私を見るわけ。

そこで、私はお守りを見せて、

「飛不動さんのお守り持ってるから、大丈夫だよ」って。

そう言ったら、「そうか、わかった」みたいな顔して、猫は家の中に入っていったの。不安は残ってたんですけどね、無事に飛行機に乗って、つつがなく旅を終えました。

ところが、帰ってきて二、三日経ってから……私の乗った台湾行きの飛行機が、エンジントラブルで大破して、死傷者何百人って……。

三津田　えっ、同じ飛行機？

加門　そう。気になってたから、自分の乗った飛行機のデータ、憶えてたんです。

三津田　じゃそれが、早まってたかもしれないわけだ。

加門　沢山人が死んでいるから、そういう考え方は余り……ともかく、あれはすごい……うーん。

三津田「ファイナル・デスティネーション」っていう映画知ってます？

加門　知らない。

三津田　高校の修学旅行で主人公の男性が飛行機に乗ってすぐ、飛行機が離陸途中で爆発する夢とも幻覚ともつかない映像を見るんです。それで機内でパニックになって、「爆発するぞ」と騒ぎを起こして降ろされてしまう。その巻き添えをくって教師と生徒の数人も一緒に出されたので、ロビーで「お前のせいだ」って喧嘩《けんか》になるんですけど、飛び立った飛行機が実際に爆発するんです。飛行機に乗っていた者は全員死んで、降ろされた数人だけが生き残って。ところが残った者がひとりずつ、信じられないような事故で死んでいくんですよ。まぁ他愛ない話で、ひと言で言うと死神ですね。本当は皆死ぬはずだったのに、主人公のせいで助かった者が出てしまった。それであり得ないような事故を起こして、「死」がなんとか元に戻そうとするわけですね。

加門　そういうことって、実際にあるのかね。

三津田　運命ということになるのかな。

＊

死神

どうも、アジアや中国とは、イマイチ相性が悪いのかもしれない。好きな土地だし、行けば面白いんだけど、必ず何か変なことがあるんですよ。

大学生の頃、中国を四十日ぐらい、ふらふらしていたことがあるんです。北京から段々南の方に下がるという旅程でね。重慶《チョンチン》で旅館に泊まったんです。

当時はまだ、中国は完全には開放されていなくて、観光客の泊まれる旅館は決められていたんですよ。

古くて汚い旅館でね。そこに泊まったとき、私は初めて死神というものを見ました。

死神って本当に、骸骨《がいこつ》みたいな青い馬に乗ってやってくるんだよね。さすがに、そのときは「これがいわゆる青馬ね」なんて、呑気《のんき》に思う余裕なかったけど（笑）。

青白い痩《や》せこけた馬に乗って、ぼろぼろの長衣《ちょうい》を着た爺《じい》ちゃん。

長衣っていうのは、チャイナカラーで、すとんとしたドレスみたいな昔の中国服なのね。馬に乗ってるその爺ちゃんは、その、古くて垢《あか》じみて、生成《きな》りで出来ているような長衣を纏《まと》い、帽子を着けてる。で、その顔がすごく怖い、と。

眼窩《がんか》の落ち窪《くぼ》んだ、凄《すさ》まじい形相をしていてさ。真っ暗なところから、段々近づいてくるような感じで、こっちに迫ってくるんですよ。

私、まだその頃は、そういうものへの対処法もろくに知らなくて。仰天して泡食ってる間に、爺ちゃんは結構、間近まで迫ってきちゃったの。

半分、パニック状態になって、ともかく必死で、中国人に通じるのか？　通じるはずだ！と、

「南無阿弥陀仏《なむあみだぶつ》、南無阿弥陀仏、南無阿弥陀仏……」って唱えたんです。

そうしたら、その爺ちゃん、暫《しばら》く黙って経文を聞いてて、唐突にニタァ……って。嫌ぁな笑い方をしてね、踵《きびす》を返していったのよ。

そのときは助かったぁってホント、安心して。翌日、上海に向かう観光列車に乗っていきました。ところが、その次の日に、同じ観光列車が大事故を起こして。

＊

三津田　ありましたね。日本でも報道された。

加門　実は私、亡くなった人達の一行に生前、北京で会っているんです。それで、旅行の日程とか比べて、「一日遅いんだね」とか話してて……。

私はそういう不幸と、オカルトを結び付けるのは嫌なんだけど、どうしてもあのときの死神の顔は忘れられなくて。今だにすごく引っかかる。

三津田　その死神は、そっちの人達に憑《つ》いていったってことか……。

加門　いや、だから……。

三津田　まぁそれは、結び付けるとかなんとか以前の問題で、そうなんでしょ。

やっぱりそれは。

加門　嫌なんだよ、そういう解釈。自分が死ねば良かったなんて口が裂けても言わないけど。生き残って良かったねってだけの話なんだけど。

三津田　確かにあれですよね、妖怪《ようかい》とか怪談とかを扱っていて、それが民俗学の中でも歴史的な差別問題への関わりが見えてくると慎重にならざるを得ないのと一緒で、実際の人死《ひとじに》、それもそういう結構有名な事件と関わってくると、どうしても不謹慎だという話になるから喋《しゃべ》れないし、ましてや活字で詳しくは残せない、ということになるわけです。

加門　そうなんですよね。だから上海の列車事故と、台湾の飛行機の話は、忘れられない事件なんだけど。でもねぇ……。

＊

後味の悪い話

後味の悪い話ってある。うん、これは神社の怪談だけど。

類は友を呼ぶっていうヤツで、友人でオカルト好きな人がいるわけですよ。その人自体はまともなんだけど、まぁ、友達が悪いっていうのかな。その子の仲間に、私の嫌いなタイプのオカルトオタクがいるわけね。

それで、あるとき、某神社に行かないかと、彼らから誘いがかかったの。

山の上にある神社で、パワースポットだとか言われているところでね。名前は知ってたんだけど、私は行ったことはなかった。興味がないこともなかったので、「じゃあ、せっかくの機会だから」と誘いに乗ることにしたんです。

当日、集まったのが私を含めて女性三人、男ふたり。女性ひとりと男性ふたりは、友達の友達ということで、私は初対面でした。

それで、車二台に分乗して、ふたりと三人に分かれて出掛けた。

最初に山の上のお宮に行ったんだけど、結構、道が遠くてね、朝早く出たのに着いたのは夕方近くになっちゃった。

その場所自体は「ほおっ」っていうくらいのもので、さしたるインパクトは感じなかったな。ところが、地図を見てみたら、麓《ふもと》を囲むようにして、山頂の神社とはまるっきり別系統のお宮が三つある。その三つのお宮は同系列になっていて、要するに前宮、中宮、奥宮みたいな形になっているわけですね。

なんか、妙な感じがしてね。面白いなぁ、と。

ちょっと時間も余ったし、行ってみようということになった。もう夕暮れ近かったんだけど、私は夜の神社は平気だし、彼女らも平気だと言うんでね。「せっかくここまで来たんだから」とか言って、車を走らせたんです。

最初のお宮に着いたとき、もう半分、陽が暮れていて、しとしとと雨が降り始めた。でも、その場所はどうということもなく、寂れてるなって思った程度で終わったんです。

後で確認したら、そこが奥宮だったんですよね。結果的に、私たちは奥、中、前と逆コースを回ることになってしまったわけなんだけど、そのときは全然、気づかなかった。

で、その次に、車で十分くらい走って中宮、それから前宮と。

当たり前だけど、どんどん時間は遅くなりますよね。しかも、最後の前宮っていうのが、一番、山深いところにあるんです。

普通、神社っていうのは、一番市街地に近いところが前宮で、山中が奥宮になるんですけど、そこはなぜか逆になってて。だから、私達も間違えちゃったんですけどね。そういう奥まった環境のせいもあって、前宮が一番、いい言い方をすれば「神寂《かみさ》びている」というか、古社の趣きのある場所だった。

時間は七時ぐらいだったのかな。でも、冬場だったんで、陽はとっくに暮れていた。それで、お宮に入った途端、他の人達が「怖い」って騒ぎ出したんですよ。

夜の神社は平気だと言ってたくせにねぇ。わざわざ夜を選んで、わざわざ神社巡りをして、怖いなんて酷《ひど》いでしょ。

確かにそこは荒れた感じで、最近、誰も来ていないんじゃないのって雰囲気はあった。鳥居を潜った瞬間も、妙な圧迫感のあるところで、勘の強い人なら何か感じるような場所。だから、怖いというのもわからないではないんだけどさ。

私は神社というところは、ある意味、神様のお宅だと思っているんです。だから、怖いとしても、人の家にわざわざ訪問しに行って、そこを「怖い、怖い」と罵《ののし》るのは、非常に不敬である、と。望んで入れてもらったからには、たとえ恐ろしくても、ちゃんと挨拶《あいさつ》して帰るのが礼儀だろうって思っているわけですね。

なのに、彼らは「怖い、やだ」と騒ぐわけ。そんなの見てたら、こちらも段々と変な気持ちになってくるじゃないですか。

困ったなって思いつつ、境内を見渡したら、脇に小さなお社《やしろ》があって、中に作り物の御神馬《ごしんめ》が入っているのが見えたんです。

見た途端、その御神馬が動いたような気がしたんですよ。

えっ、生きている馬？　って、一瞬思ったくらいに、非常にリアルに見えたんです。真っ赤に塗られた御神馬で。かなり古くて、目にはガラスも嵌《はま》ってたのかなぁ、光っていてね。何とも印象的な御神馬サマ。

ああいうのが動くのは、ある意味、当たり前というか……力があれば、そういうこともあるわよねぇって、感覚で。だから、それ自体は全然、怖くなかったんだけど、馬を見たときに、声が聞こえたんですよ。その言葉は口に出せないんだけどさ。

「――と言ってはいけない」って。

聞いて、ギョッとしたんです。すごく大切な約束事のような気がしてね。

でも、その言葉自体は古典的な言葉で、日常会話じゃ絶対に出ない言葉なの。だから今は普通、言わないし、特にそのときの状況では出る言葉じゃないと思って安心した。

同行したオカルト野郎どもは――すっかり、嫌いになっちゃって（笑）――まぁだ怖がってて、「まず、お参りをしようよ」って言ったんだけど、それも嫌がる始末でね。

で、私と友人だけが先にお参りをしたら、ひとりの男が「場所が悪い」とか呟《つぶや》いて、浄《きよ》めだかなんだか知らないけど、「祝詞《のりと》を唱える」と言い出したんです。

もう、うんざりって感じですよ。

あんたの気が済むんなら、別にいいけど、ともかくちゃんと頭を下げてからにしろよなって、ムカつきながらも一緒に頭を下げてたら、なんと祝詞の中に「――と言ってはいけない」の「――」が出てきちゃったの。

ああっ、しまったぁ！　って。

でも、もう後の祭りでしょ。

それで、祝詞が終わって、最後に手を合わせたら、女性のひとりが突然「キャア」って、悲鳴を上げたんです。

「どうしたの」って訊《き》いたんだけど、彼女、真っ青になって首振って、ひと言も口をきかないまんま、ダァーッと神社から走って逃げた。

当然、後を追いかけますよね。で、捕まえて、訊《たず》ね直したら。

拝んだ後、合わせた手を開きますよね。その手の上に肉の塊が落ちてきた、と。社の上から、血に塗れた生肉がベシャッて手の上に落ちてきた感覚を得た、と彼女は言う。

そのときは「うへぇ」とか言うのみで、そのまんま帰ることにしたんです。

でも、同行者達の雰囲気が、帰る途中からおかしくなり始めて。

車二台だから「あそこのインターで停まろうね」とか、予《あらかじ》め示し合わせていたのに、一台がそこを飛ばしてしまったり。なんかチグハグな感じになって。

それから、夕飯のときに、私ともうひとりの友達はなぜか、無性に肉が食べたくなって。それで、ハンバーグとか食べたんだけど、他の三人は「そんなもん食べたくない」って言って、怒るような素振りを見せたり。

メニューひとつにケチをつけられるこちらも不愉快、向こうもなんだか知らないけど、こちらに対して思うところがある感じでね。結局、喧嘩《けんか》別れではないけど、そのまま別れてしまったわけです。

私は当然、その三人の住所も電話も知らないわけだから、縁が切れても全然、構わなかったんですけどね。数日経って、友達から電話がかかってきて。

「あの人達、あれから、おかしいんだよ」って聞かされた。

手に肉が乗ったと言った女性と、祝詞を唱えた男性が、彼女に電話とか手紙を寄越すんですって。その手紙が、鉛筆書きで支離滅裂なことばかり、レポート用紙に十枚くらい書いてあると。電話は電話で、何を言っているのかわかんないし、全然、身に覚えのないことで怒鳴られるんですって。

「お前があの神社の帰り、車の中で、ああいうことを言ったから」とか。

でも、私もずっと一緒にいたわけですからね。そんなことがなかったのは知ってるんですよ。

彼女は「私、そんなこと言ってないよね」と、もう、半ベソかいてて。

「うん。私は聞いていない。だって、同じ車に乗っていたのは、私とあんただけだったんだから。車の中でって言われても、それはないよ」

「そうだよね」

「手紙はなんなの」

「わかんないんだけど、ともかく怒っていて」

やっぱり、自分の身に覚えのないことで、「あんたがあのとき、ああいうことをしたから」と責める内容が延々続いているのだと。

「それ、ちょっと気持ち悪いなぁ。でも、悪いんだけど、私は彼らと付き合いたくない。あなたも、そんな不愉快な目に遭ってまで付き合うほどの仲でもないでしょう」

って話をしたんです。

本当に縁を切りたかったんですよ。けれども、それから一ヶ月経たないうちに、例の肉貰《もら》った女性のお父さんが、急死しちゃったの。そこでまた、友達から電話がかかってきた。

「彼女のお父さん、亡くなっちゃったんだって」

「ええっ？」

「それで、お通夜に来い、って言うんだけど……」

とっさに私は「あぁ、そう。頑張ってね」って逃げようと思ったんだけど、彼女、

「怖いから一緒に来てくれ」って言うわけですよ。ひとりで行くのはおっかないって。

私は一回会っただけでしょ。そんな家のお通夜に行くのは、常識的にも嫌なんだけど、もう泣きついてくるもんだから、「じゃ、ちょっと。本当に顔を出すだけだよ」

って。結局、一緒に行ったんですね。

　でね。現地に車で行ったら、その女性が喪服を着て、道のところに出て待っているんだ。車を停める前から、こっちを見てて、満面の笑みなの。

　ニコニコ笑って、「よく来てくれたねぇ」って……物凄《ものすご》く優しい声を出してね。車から降りたら、人の手を包むように握ってくるのよ。

　もう、ゾォーッとしちゃってさ。

「なんで、あんなにニコニコしてるの？」「わかんない」と友達と囁《ささや》いて。

　怖いのなんの。どう見ても、常軌を逸してるのね。お葬式は普通のお葬式なんだけど、彼女、ニコニコしてて、最後までニコニコしてて、「えぇ、もう帰っちゃうの。ちょっと上がって話していこうよ」っていうような感じでね。這々《ほうほう》の体《てい》で逃げ帰ってきた。

　それで……暫《しばら》く後の話になるんだけど。

　ある日、夢を見たわけです。例のお社に夜、私はひとりでポツンと立っているんです。すると、お社の向こうから、真っ黒い……なんと言ったらいいのかな、コールタールの塊みたいなものが押し寄せてくる。襲いかかってくるの。

　私は、こわー、なんとかしなきゃあ、とか思うんだけど、どうしていいかわからない。

　すると、私の背後で「これを」という声がしてね。ちょっと、伝奇アクションじみた展開になるんだけど、誰かが私に刀を渡す。

　私はその刀で闘おうとするんだけど、非常に不器用な使い方しかできないのね。で、ああ、もう、太刀打ちできない、とか思ってると、もう一度、後ろで声が聞こえる。

「違うよ。これはそうやって使うもんじゃないだろ」って。

　途端、夢の中の状況が変わって。

　いつの間にか、私は川の畔《ほとり》に立っていて、持っていた刀みたいなものが、植木鋏《ばさみ》のようなものに変わっている。

　川の畔には綺麗《きれい》に青く芽吹いている木があって、私はその葉をパッチンパッチン夢の中で切っていく。そして切った葉を丸い笊《ざる》に二山、一杯にするの。

　するとまた、声がして。

「さぁ、これを捧《ささ》げろ」と。

　私はその声のまま、笊を川に流すっていう夢を見て……。

　目が覚めた後、理由はわからないけど、ともかく私は助かったなって思ったの。

　そうしたら、翌日、また友達から電話がかかってきて、「もう一度、あそこの社に行かないか」と。

「あのときは逆コースで回ったし、夜だったのもマズかったし。ともかく、私達は何か悪いことをしたに違いない」

だから、ちゃんとしたコースを辿《たど》って、もう一度五人で回りたいと言ってきたんです。

それはいい考えかもと思ってね。早速、予定決めて、待ち合わせ場所に朝早くに着いたんですよ。

ところが、行ってみたら、結局、集まったのは、私と彼女だけ。他の三人は全員ドタキャンして来なかった。でさ。気がついたのよ、夢の中、笊は二つしかなかったな、って。

神社にはちゃんと、ふたりで回ってきたけどね。

＊

三津田　その後、三人はどうなったのかな。
加門　私はもう、それ以来交際していないし、彼女も縁切ったみたい。
三津田　この話、前にダイジェストを聞いた覚えがある。たぶんそのときは、言ってはいけない言葉のエピソードとかは聞いてないと思うけど。行方不明にならなかった……女の人……。

加門　そう、女の人ひとり。行方不明になったの。でもね、出てきたみたいだよ。
三津田　本当？
加門　うん。けどねぇ、完全におかしくなってるみたい。相変わらず、言うことも支離滅裂で。それで友達も縁切ったって。
三津田　男は祝詞《のりと》を唱えた奴、ヤバいよな。
加門　ヤバいと思う。今だにあのときの……誰が言ったかわかんないけど、「――と言ってはいけない」という声を憶えているもんね。
三津田　その言葉自体は、悪い言葉じゃないんでしょう。
加門　悪い言葉じゃない。なんでその言葉がって、今だに思う。
三津田　最後がね……そういうふうに、最後に行方不明って一番嫌だよね。
加門　嫌だねぇ。
三津田　死ぬのもすごいけど、やっぱり行方不明って一番怖いよ。
加門　どこ行っちゃったんだよって思うのは。
三津田　そう。それもその人の意志なのかどうかよくわからない。そういう出来事の後に、その人の人格が変わっていくというのも怖いけど、そのままどこかへ行ってしまいました、と言われると逃げ場がない気分になる。そういう出来事がなければ、普通に人生を歩んでいたかもしれないわけだから。

加門　そういう運命だったのかなぁ、とも考えちゃうんだけど。
三津田　仮に同じことをやっても、大丈夫な人は一杯いるわけだし。
加門　そう。大丈夫な人は大丈夫だし、それで憑《つ》かれちゃう人は憑かれちゃうし。
三津田　言い方は悪いけど、そういう意味では交通事故なんかとも、ある意味……。
加門　似てますよね。
三津田　不幸とかね。
加門　運の問題かなって思いますもん。
三津田　ねっ。それが交通事故みたいに誰にでもわかる事故か、そういう「気のせいだよ」で片づけられてしまう事故かの違いはありますけど。結果的に身体がどうにかなったりとか、人生が狂うという意味では、両方とも同じ意味のレベルのものかもしれないと。
加門　幸い、私は今まで生き延びているし。陰惨な体験というのも、あんまりない。周りにいる人なんかでも、これヤバいなと思うと、止めるし。
三津田　やっぱり自分の親しい友達関係の中では、そこまでのものがないわけでしょう。友達の友達はあるけど。
加門　うん。そこまでお節介じゃないし、責任範疇《はんちゅう》外だと思うから。

でもね。やっぱり、ヤバそうだなと思うと、変な人と思われてもいいやと思って、何かやってしまうときはある。

一種勘がいい、勘がいいんだけど見極めがつかない子がいるんだけど、正のものでも負のものでも目を惹《ひ》いてしまうんですよ。で、ふらふらっとそっちに行くんです。前に、怒鳴り飛ばしたことがあるんだよね。「それ、触るんじゃない！」って。……そういうことはするかなぁ。

＊

山の旅館

旅行先って、結構、色々あるんだよね。これも随分、前の話になるんだけど、山間の一軒の温泉宿に友達とふたりで行ったときのこと。

そのときはガイドブックを見て、宿を決めたんです。元々、小さい温泉場だから旅館は二、三軒しかないんだけどね。

ガイドブックって、提携によって載せる場所が違うでしょう。でも、そんなことはまだ当時は知らなくて、たまたま見たガイドブックに一番大きく載っていた温泉旅館を選んだんです。

で、現地に着いて、旅館の入り口見た途端にもう、ヤバーッて感じになって（笑）。古い旅館なんですよ。もちろん、古いからこそ、いい旅館っていうのもあるんだけど、そこは抽象的な言い方だけど、悪い古さだったんです。

まず清潔感がないというのが、ひとつ。現実的に不潔という意味ではなくね、不浄さというか。そういう意味での不潔さを感じる……。

絨毯《じゅうたん》なんかも擦《す》り切れててさ。掃除はきちんとしてあるんだけど、素足で踏んだとき、グチャッと水が染み出してくるような気持ちの悪さがある。

ヤバいなぁと思いながらも、チェックインをしたんです。通された部屋は日当たりのいい、こぢんまりとした和室でね、ここも決して不潔ではない。でも、その部屋に入った途端、私と友人ふたりとも、声も出ないくらい怖くなってしまって。

設備自体、古いんですよね。昔ながらの、百円落として見るテレビがあって、電気は紐《ひも》引っ張り形式のもので、窓のところの板張りには、ちっちゃい琺瑯《ほうろう》びきの洗面所がある。で、なぜか、クローゼットの代わりに、普通の家にあるような洋服ダンスが据えてある。

明るい陽が入ってくる中、真ん中に卓袱台《ちゃぶだい》が置いてあって、そこで仲居さんがお茶を淹《い》れてくれたんだけどね。和やかな空気にも拘《かか》わらず、ふたりとも膝《ひざ》も崩せないのよ。同行した子も勘のいい子だったんだけど、もうガチガチに緊張してるの。

普通だったら、旅館に着いたら「はぁ、やれやれ」って、お茶飲んでお菓子食べて、「お風呂でも行こうか」ってなるでしょう。それが、黙ーって、お茶、見つめてるんですよ。

あぁ、彼女もわかってんなぁ、と思って。

ともかく、ここで何か食べたらもう、出られないな、という思いがあった。

なんて言うのかな、黄泉戸喫《よもつへぐい》？（死者の国である黄泉《よみ》の竈《かまど》で煮炊きした食べ物のこと。これを食べると現世に戻ることができなくなると言われる）そこで物を食べたら、もう戻れないっていう感じ。そういう気持ちがすごく強くして、喉《のど》は渇いているのに、そのお茶には絶対口を付けたくないの。

多分、友達も同じ気持ちなんでしょうけど、お互いにそれを口にも出さない。で、じいっと、ふたりで湯呑《ゆのみ》を睨《にら》んでいるんです。

それで暫《しばら》くしたら、彼女がふと立って、窓をガラッと開けてね。まぁ、ベランダみたいなところに腰をかけて、煙草を吸いつつ、無言で外を眺め始めた。家の中に、視線向けないの。

私は、こいつ完全にわかっているなと思いながらも、「ちょっとお風呂見てくるね」

と席を立った。

何かに救いを求めたかったわけですよ。もし、お風呂が豪勢で綺麗《きれい》だったら、それで良しとしようと思って。

でも、風呂場に続く廊下も暗いし、気持ちが悪い。他に客はいるんですけど、私は「お前ら、なんでこんなとこで和めるんだよ」って（笑）。

お風呂に着いても、石とかヌルッとするような感じでね。苔《こけ》が生えてないですか？と言いたいような雰囲気なのね。結局、私としては風呂場は全然、救いにならなかったわけですね。

益々、嫌な気持ちになって、旅館を一周して戻ってみたら、彼女はまだベランダから外を見たまんま、黙って煙草吸っていた。お茶もそのまんま残ってる。

もう、やることもなくなっちゃって。私は卓袱台の前に座って、チラッと洋服ダンスを見たんです。コートでも仕舞おうかなと思ってね。で、洋服ダンスを見たら、そのタンスが置いてある壁の後ろから、なんか赤黒い染みがはみ出してるの。

洋服ダンスは多分、現実の染みを隠すために置いたんでしょう。けど、それ見た途端、意味もなく鳥肌立っちゃって。

それでも、なんとか気を取り直そうと頑張って、彼女に「ねぇ、コートでも仕舞おう」って言ったんですよ。でも、彼女は黙ったまんま。もう、誤魔化しきかない状態なのね。しょうがないから、「私さぁ、あのクローゼット開けたくないんだけど」って言ってみたら、「うん」って答えて、漸《ようや》くこっちを見てくれた。

それから「どうしよう」と相談して。ともかく山の中の一軒宿なわけですよ。ここに着くまで、何時間に一本しかないバスに、小一時間揺られているのね。だから、逃げ場ないじゃん、と思っているわけ。

後、一時間ほどで夕飯になってしまうしね。そうしたらこんな山の中、絶対、逃れようがない。「どうしよう、どうしよう」と言いながら、何気なく電球を見上げたら
……電気の笠の上に何かが乗っているのが見えた。

「あれ、なんだろう」

四角いものなんですね。それを見た途端、どうしても、正体が知りたくなったんです。

「ちょっと、何か乗ってるよ。見たい」って言って、私、覗《のぞ》いてみることにした。

仲居さんが入ってきては嫌だから、部屋に鍵《かぎ》をかけてね。卓袱台を動かして、上に乗って、電気の笠の上をヒョイと見たらさぁ、御札が貼ってあったのよ。

見た途端、こりゃ、ダメだ。もう絶対にここを出よう、と。野宿しても構わない気持ちになった。

お茶に口を付けていなかったのはもちろん、ふたりとも、コートも脱いでなかったですからね。そのままバッと鞄《かばん》を取って、下に行って「キャンセルする」と言ったんです。

「すみません。大事な物を山の中に忘れてきてしまいました。どうしても取りに行かないとならないので、キャンセルします」って、嘘ついてね。

でも、夕飯の支度もしてあるし、払い戻しはできないって言われたんです。結構いい値段だったたんだけど、金なんかいらないですよ。金より命が大事だ、って思ったもん(笑)。

で、旅館を出て、走って逃げて。ひょいと脇の道を見たら、私達は一軒宿だと思ってたんだけど、もうひとつ、結構新しい温泉宿が見えたんです。

「あ、ここなら大丈夫だ」って言って、飛び込みで、その旅館に泊まらせてもらった。部屋に入って、「やったぁ。バンザイ」ってね。本当に、ホッとしましたよ。

やっと旅行らしい雰囲気になって、お風呂入って、夜になって、御飯も食べて。ところが……。

結構、夜が更《ふ》けてから、連れがもう一度、お風呂に行ったんですね。私はもういいやと思って、部屋に残ったんです。

その旅館は部屋に大きな窓があって、広い庭が見えるようになっているんです。夜だから、庭自体は見えないんだけど、窓の向こうに、庭を照らす外灯がポツポツ点《つ》いているのが見えるわけですよ。

その窓のカーテンを開けたまま、私は本を読んでいて、彼女の帰りを待ってたら、急にゾクッとしてきてね。とっさに顔を上げて庭を見たら、外灯が見えないんですよ。

えっ、外灯切っちゃったのかな……。

違うの。ぼんやりと明かりは見えるんだけど、すごく遠くにあるような感じがする。窓に近づいたら、霧が出てるのがわかったんです。

で、その霧、逃げ出してきた旅館の方から来るんですよ。重たい物質みたいな、ぐにゃぐにゃした感じでね。見てる間にどんどん迫ってきて、窓の外はあっと言う間に真っ白になっちゃって。

その途端、部屋がすうっと冷えてきて。霧のせいなのかもしれないけど、私は「これ、憑《つ》いてきたな」と。

それで、どうしようかなと迷った末、般若心経《はんにゃしんぎょう》を読むことにしたんです。

彼女が帰ってきて、私がお経読んでたら嫌な気持ちになるかも、とか思いながらも、手を合わせて、声に出してね。そうしたら——それで、何事もなければ、気のせいで済んだのに——般若心経を読んだら、すうっと霧が退いていくのね。で、読み終わって黙っていると、また近寄ってくるんだな。

お経、三回くらい繰り返してね。そこで、彼女が漸く戻ってきたんで、「霧がさぁ」って事情を説明した。

でも、前の旅館ほどの切迫感はなかったから、「ここの宿なら、起きてりゃ平気だよ。ともかくカーテンを引いて、一晩中、明け方まで起きていようね」って。

何があるというわけでもないんだけど、外はもう見たくなかったですしね。あ、でも、やっぱり音はしたか。外から、コッコッ……とか。トントン……とか。

まぁ、ふたりとも、そのことは口に出さずに一晩過ごして、翌朝早々にチェックアウトしましたけど。

＊

三津田　寝たら、まずかったの。
加門　多分ね。ガードが甘くなるんじゃない？
三津田　入ってくるとか？　でも、黄泉戸喫って嫌だね。
加門　なんでそう思ったのかは、わかんないんだよね。黄泉戸喫という言葉と、その意味は知識としては知ってたんだけど。でも、そのときに、絶対にこれ食べちゃ駄目だとか。
三津田　感覚的にね。

加門　そうそう。思うわけですよね。
三津田　それ、嫌だな。
加門　仲居さんも、キャンセルは仰天してましたよ。咎《とが》めるような顔してね。
三津田　向こうは、でも御札を貼っているということは、知っているでしょ。
加門　知っているでしょうね。
三津田　部屋だけじゃないんでしょ。旅館そのものも……。
加門　気持ち悪かった。なぜか、そこにいたときに、首吊りだ、首吊りだって、ずうっと思っていて。
三津田　他の部屋でも、一緒だったんだろうな。
加門　かもしれない……。
三津田　でも、御札を貼っているということは、その部屋が一番まずいのかなぁ。
加門　他の部屋の御札まで、確認したわけじゃないから。
三津田　一応、何部屋もあるわけでしょ。
加門　うん。宴会してて、酔っぱらったオジサンなんかもいるわけですよ。
三津田　それは全然感じないんだろうな。旅館はわかんないもんなぁ。
加門　旅館は本当に一か八かですね。
三津田　あんまり気にしたら、どこも行けなくなっちゃうしね。

加門　まぁね。だから、最近はある程度の準備はして行きます。旅先で、眠れないのは辛《つら》いから。
三津田　賃貸で住んでいると、引っ越しとかも怖いじゃないですか、そういう意味ではね。といってあんまり神経質になってもしょうがないけど。
加門　今住んでいる家だって色々いますけどね。家にいるのはもう、慣れた（笑）。
　基本的に私、呼ぶ体質みたいだから。長期で取材旅行したとき、「絶対ここは大丈夫」っていう宿を、下調べまでして決めたことがあったんですよ。最初は大丈夫だったんだけど、一ヶ月近くいたら、最後は出てくるようになっちゃいました。
三津田　なるほど、要は、まぁ人か。
加門　まぁ、人かね（笑）。

＊

第二夜　渋谷のとあるビルの会議室にて

第一夜の後に……

第一夜の帰り道に、話を終えて、タクシーで帰ったんだけど、慰霊堂の件があるから、私、タクシーに乗るときは、なるべく自宅に近い地域のタクシーを選ぶようにしてるのね。地元を知ってるタクシーに、蔵前橋通りからは行きにくいポイントを告げる。と、自動的に道を逸《そ》れるから、安心して帰れるわけです。

だから、あの晩も、このタクシーならと思うのを捕まえたんだけど、その運転手、目的の場所を知らないって言うんだわ。それで「××方面へ」って言ったら、「蔵前橋通りでいいですか？」と。「いやいや、○○通りに出て」と伝えて、やれやれって座り直したら、突然、スピーカーから声が聞こえてきた。

無線タクシーだったんですよ。それで、女の人の声で、「気をつけて、お帰りください」って。

無線で言うには変な言葉でしょ。こっちは怪談した後だしさ、妙に気になったから、さりげなく運転手さんに訊《き》いたのね、「今の言葉、面白いですね」って。

そうしたら、普段はああは言わないんだって。予約した客が乗ったとき、「気をつけて、お送りください」って、運転手さんに対する挨拶《あいさつ》として言うんだってさ。

でも、「お帰りください」は完全に、客としての私に向けられた台詞《せりふ》でしょう。言い間違いか何かは知らないけれど、ははぁ、ともかく気をつけて帰らねば——そんなふうに思ったの。けど、ついついぼんやりしちゃってね。暫《しばら》くしてふと外を見たら、蔵前橋通りじゃん！（笑）

で、あと少しで慰霊堂なの。その手前に抜け道は一本しかない。私、もう、「そこ、左ぃっ！」って、運転手に怒鳴っちゃった。

いや、マジで怖かったんですよ。この間、決着つけるのなんのと恰好《かっこう》いいこと言ってたでしょ？　あれ、ダメだわ。やっぱり怖いわ。

ところが、それだけじゃ終わらなかった。なんとか無事に自宅に帰って、家のドアを開けたらさ、家の中が死人臭い。

霊安室とかで嗅《か》ぐような、冷たい臭気がするんです。で、母がその日、知人のお通夜に行くって言っていたのを思い出して、ピンと来てね。母が持って帰ってきた袋を見つけて引っかき回したら、案の定、中にお浄《きよ》めの塩がそのまんまで残ってる。

塩、撒《ま》けよなぁって、夜中にプンプンしながら、ひとりで家中、塩だらけにした（笑）。

亡くなった人が憑《つ》いてきたという具体的なもんじゃなくて。なんて言ったらいいのかな、死の雰囲気を持ち込まれたって感じだね。

翌日、母に「塩撒くの、忘れたでしょ」って言ったら、「あ、そうか。……でも、お前、私が帰ってきたとき、いなかったじゃない。なんでわかったの」

「わかるの！　死人臭いの！」って怒った。母は「嫌な子だねぇ」と自分の失敗を棚に上げていたけどね。

ああいうのって、一種、伝染するんだって。江戸末期の資料だけど、武家の葬式で、喪主本人は物忌《ものいみ》（不浄を避けて一定期間外出を控え、飲食行為などを慎《つつし》み身を浄めること）をしていたのに、使用人が外へ出て買い物とかをしたために、村中に死穢《しえ》が伝染して大騒ぎになったという記録が残っている。

穢《けが》れというのは、接触感染するという話があるんです。

これは文化的な背景があってのことだから、西洋ではどうだかわからないけどね。元々、塩を撒くって行為は日本的な、というか神道的な風習なので、仏教なんかでは本来、塩は撒かない。「死は穢れではない」と言って、最近、仏教の某派とかでは、お葬式をやっても、帰りに塩は出さないようにしているらしい。

私も一回、そういうお葬式に出たことがあるんです。だけど結局、帰りに皆で食事したとき、飲み屋の女将《おかみ》さんに「すみませんが、塩、分けていただけませんか」って（笑）。塩を貰《もら》ったことありますよ。

私だけが気にしていたんじゃなくて、周りにいる人達皆が、なんか気持ち悪い、すっきりしないというのがあったんですよね。

＊

三津田　お店も嫌なものなのかな。葬式帰りの人達がぞろぞろと入ってきたりすると。
加門　うーん、どうなんだろうね。嫌かもしれないですね。
三津田　いくら客とはいえ……ね。
加門　気にする人は、気にするかも。
三津田　普通は葬式帰りというのはどこにも寄らずに、一旦家に帰ってから、着替えて出掛ける。最近そういうことは皆、気にしてないんでしょうね。
加門　特に斎場が遠方だったりするとね。
三津田　葬式の後に、親族だと会食とかしますよね。あれはやっぱりお祓《はら》いの意味も……。
加門　うん。一応、お浄《きよ》めという形で食べますね。必ずお通夜のときは、「何か一口でもいいから、斎場で物を食べて帰れ」と。で、「そこに出された物を家に持って帰るな」と。

三津田　この前の話の黄泉戸喫《よもつへぐい》の逆ですね。
加門　そうですね。
三津田　そうか……。今夜の帰りは何があるんでしょうか……ね。
加門　いや、何もないように、これでも努力をしているんですよ（笑）。
三津田　おぉ、そうでした。よろしくお願いします。ところで、第一夜の後、同じようなこと（？）をしたとか。
加門　別に怪談会じゃないんだけど、この間、話をした後、友達と集まって遊んでて、段々怖い話になって結局、夜中まで……というのがあったんです。一緒に話していた人って、まぁ、霊能者なんだよね。周りにも勘のいいのばかり揃《そろ》っていたから、怖い話の内容もすごく豊富だし、グレードも高い（笑）。前々から思っていたんだけど、そういう勘のいい連中ばかりが集まって怪談をしたときに、出てくるモノというのは半端じゃない。
三津田　それはどこでやってたんですか。
加門　その方のお家……。
三津田　霊能者の方の？
加門　うん。何かがいるとか、あそこにいるとか、全員がわかるんですよ。皆わかるから、気のせいかなって思いたくてもできないような状態で。

たまたま、雨が降っていたんですけどね。日が暮れたら、外で獣の唸《うな》り声とか聞こえるし、ドアノブをカチャカチャッと回す音はするし。

怪談だけをしていたわけじゃないから、馬鹿話にもなるでしょう。それで、皆で「わっ」と沸く。そうしたら、そのとき……家には女性だけだったのに、男の人の声で、「だよなぁ」と。

皆、一瞬黙って「今さぁ」「うん。したねぇ」ってさ。

三津田　一軒家ですか。住宅地かなんかの。

加門　そうそう。でも、頭の上で聞こえるんですもん、声が……。

三津田　夜にそういう話をしていたんでしょ。

加門　夜ですね。もっと早く帰りたかったんですけれど、結局、外がそういう騒ぎになっちゃって。いるはずのない人声はする、獣はいる、わけわかんないのが入ってくる。もう、帰れない状況になっちゃって。

三津田　自業自得といえば……（笑）。

加門　まぁねぇ。結局、「もう、大丈夫」と確認できた明け方に、ヘロヘロになりながら帰りました。

三津田　これまでに同じようなメンバーで、そういうことをやったことはなかったんですか。

加門　何回かありますよ。それで怖い話をすると必ず、何かある。今回は、このひとり語りのすぐ後だったから、余計に、テンションの違いを実感しました。
三津田　でも、そういうメンバーだと毎回、怖い話になっちゃうでしょう？
加門　あぁ、多いですね。単に漫画や小説の話をしているとか、そういうときもあるんですけど。やっぱり「怪を語れば怪至る」というのは……。
三津田　その霊能者以外の人達っていうのは、ＯＬさんとか、普通の勤め人なんですか。
加門　そうそう。あ、霊能者という言い方はないですね。彼女自身、そういう職業の人じゃない。普通に働いてる人なんですよ。ただ、もうバリバリだから……。
三津田　なんでそんな人ばっかり友達なの（笑）。
加門　類は友を呼ぶってヤツなんですかねぇ。まぁ、そういうのに丸っきり無頓《むとん》着《ちゃく》な人だと、こっちも付き合ってて辛《つら》いときも出てくるし、そういう世界を否定する人だったら、もちろんのこと、こっちがシンドイ。
以前、そういうことに関して、懐疑的な人と遊んでいた時期があったんです。今はもう、私のタイプを認識してくれてるんですが、当時はそのテの話が好き、というだけ言って、私もその人には一切、深い話はしなかった。
それで、その人とあるとき観光地巡りをして、某神社に行ったんですね。神社を目指したわけではなくて、通りすがりに神社があったんで、「あっ、ちょっとここ、入ろうよ」って。

それで、境内を歩いていたらさ、ひとりの巫女《みこ》さんがやってきて。その巫女さん、見える質《たち》だったんじゃない？　私の前につかつかと来て、その友達の目の前で、「あなたはすごく神仏に縁があるというか……霊感がありますね」って。それで「ご修行なさっているんですか」って、いきなり切り込んできた。

友達は硬直するし、私も硬直するし。

「いや……、別に、修行は、して、ません」って、わけのわからないこと答えて帰った憶えが（笑）。

三津田　えっ、若い巫女さん？

加門　いや、結構年輩の方だった。

三津田　でしょうね。それにしてもストレート過ぎるなぁ。

加門　そうなのよ。勘がいいのなら、連れのタイプも見て欲しかった。

三津田　加門さんの周りに、わらわらと何かが見えたんだろうな。

加門　見えたのかもね。何か言ってやらなきゃ、気が済まなかったのかもしれないね。

三津田　初めて見たんじゃないですか、そういう人を。

加門　そんなことないと思うよ。私の周りに霊感強い人があれだけいるんだから、世間にはもっといるでしょう。

三津田　それじゃ面と向かってそんなことを言ったのは、その巫女さんの性格か（笑）。

加門　多分ね。霊感のある人と話していても、合うタイプと合わないタイプというのがあるんですよね。お互い磁石みたいに、一目見て反発し合う人もいるし、惹《ひ》き付け合うタイプもいるし。

その巫女さんは遠目でパッと顔を見たとき、あ、この人面白いな、と、私自身が思ったタイプだったから、向こうもそう思ったのかもしれないな。

＊

壇ノ浦の平家

第一夜と第二夜の間に、ひとりで四国から九州を巡る長い旅行をしてきたんです。それで、壇《だん》ノ浦《うら》に行ってきました。

平家が、まだピチピチしていて、とてもよろしゅうございましたね（笑）。

壇ノ浦は、初めてだったんです。結構色々言われていたけど、私はそういうこともあるだろう、という程度の気持ちだったんですね。ま、言う人に言わせると、「壇ノ浦の波打ち際は、波打ち際じゃない、霊打ち際だ」ってくらい、いるという噂なんだけど。

旅の後半、夕方に壇ノ浦に着いたんです。そうしたらホテルが壇ノ浦のすぐ側で、窓から海が見えますってところでね。そのホテルの前が赤間《あかま》神宮。——あ、赤間神宮って、平家の七盛塚《ななもりづか》とか、耳なし芳一《ほういち》の像がある神社ね。

それで、夕飯を終えて、夜、そこら辺でも歩くか、と。

私の他には釣り人が何人か歩いていたな。でも、浜には直接、下りられないんですよ。歩くのは主に、堤防の上、確かに波は騒がしいけど、そんなに怖いとも思わなかった。

後で漁師さんに訊《たず》ねたら、昔、この辺りはベタ凪《なぎ》で、近代に大型船が通るようになってから、波が激しくなったんだって。そんな環境の変化のせいかな。言われていたほどでもないなと思いました。

まぁ、水面に光が反射しているところで、あんな場所にどうやって光が反射するのかな、という箇所はありましたけど（笑）。

ともかくぶらぶら歩いていて……ほら、私、夜に神社行く変な癖があるでしょう。

それで、よせばいいのに「赤間神宮、開いてらぁ」って、入っちゃったの。ところが、社《やしろ》に手を合わせてたら、左側の方から突然、ひやっとしたモノが押し寄せてきて、パッと見たら、平家の墓！　さすがに、ここの夜はマズい感じだったんで、そそくさと退散しましたね。

ほかにも、その旅行は色々あったんですよ。まず壇ノ浦の話からしますね。簡単に言うと、その晩、出てきたんです、女の人が。

最初はこっちも「平家」って頭があったから、平家絡みの女官かしらと思ったんだけど、後で考えると疑問が残る感じでね。なんでかと言うと、泊まったところが昔の遊廓《ゆうかく》跡なんです。それが次の日の取材でわかった。でもね、伝説によると、その遊廓の成立は、平家が滅亡しちゃった後に身の置きどころのない女官達が春をひさいだのが初めなんだって。

それが本当なら、どのみち、平家関係だし……。まぁ、真実は謎なわけですが、ともかく夜に女性が出てきた。

夜中に目を開けたら、頭の方に、私の身体から三十センチくらい上が地面になっているような状態で、女の人が立っている。つまり私が地中に埋まっているような位置関係です。そうやって立っているんだけど、中身がないの。透明人間が着物を着ているみたいに、着物だけが見えるんです。

はっきり憶えてるんだけど、その着物というのは、草木染めみたいな感じの結構明るい黄緑で……萌黄《もえぎ》色って言うのかな？　やや、くすんだ色をしている。織りが夏物の絽《ろ》とか紗《しゃ》とかのように薄くて、ちょっとごわっとした感じの布。そこに、何か模様が散らしてあって。

着物自体薄いし、中身ないし、半分透けるような感じなんだけど、何にせよ、非常に美しい。……これ、笑い話になっちゃうんだけどさ。

私はその着物が綺麗《きれい》だなぁと思って、何を思ったのか、手を伸ばして裾《すそ》を引っ張ったんです。摑《つか》めたのよね。それで、ぐいって引っ張ったら、向こうが「何すんのよ！」って感じで、バッと着物を引く。

そこで影が消えちゃったんで、あぁ、いなくなっちゃたって思ってウトウトして、暫《しばら》くすると、また立っている。

私は一体、何を考えてたんだか。またも、その着物の裾を引っ張ったんですよ。すると、向こうも同じように身を引いて消える。後で友達に話をしたら、「そりゃ、セクハラだ」と言われましたが（笑）。

ともかく三回、繰り返しました。三回引っ張って、影がバッと消えた途端に、突然、ザザァーンって波の音が聞こえてきて。それから、苔《こけ》むした——そうだなぁ、三十センチくらいの五輪塔が、フッと目の前に浮かび上がったの。私、その波音と塔を見て、ヤバい、本気で怒ってるわ、と。悪いことしちゃったな、と思いましたね。

幸い、それ以上は何もなく、影も出てこなかったんですけどね。

海と五輪塔となると、やっぱり平家関係なのかな。だけど、その時代にあんな着物があったのかどうか定かじゃないし。もしかすると、平家に関連はするけど、もっと後の時代の女郎さんの霊かもしれない、というような……怖い話じゃなくて、スイマセン（笑）。

ともかく、そんなこともあったんで、翌日、一応、平家の方々に礼を尽くそうと思いました。お酒を一本買って、赤間に行って、七盛塚に供えて、お線香を立てて。きっちり拝みましたよ。

不思議なことに、拝んだ後は引っ切りなしに観光客が来たんだけど、私が拝んでるときはなぜか、誰も来なかったのよね。塚も案外、気持ちいいなぁと思って。

だから、私は平家の怨霊《おんりょう》という言い方はしたくないんです。残っているかもしれないけど、私は恨まれる筋ないし、向こうも未練はあるかもしれないけど、誰彼構わず無差別に祟《たた》るもんでもないわけだしね。だから、彼らは怨霊じゃなくて、私にとっては、せいぜい亡霊という感じ。

取り敢《あ》えず、平家の方々はまだお元気そうで、何よりだと思いましたね。

それで、その後、広島の方に行ったんです。私、日本三景のひとつで見ていないのは、安芸《あき》の宮島《みやじま》だけだったのね。だから、せっかくここまで来たんだから、宮島を見て帰ろうと考えた。もちろん、最初から旅程には入れてたんですが。

新幹線に乗って、新下関《しんしものせき》駅から広島まで行きました。旅も終わりに近く、一週間以上の旅だったので、さすがに疲れ切っててね。新幹線の中では爆睡ですよ。

そうしたら……夢に近い感じなんだけど、閉じた瞼《まぶた》のすぐ前に、白い大きな光の塊みたいなモノがパッと見えたの。なんだろうなぁと思っていると、脇の方から、「知《とも》盛《もり》」って声が聞こえた。

知盛？　知盛って、平家の？　とか考えてたら、今度は結構遠いところで、赤くて小さい勾玉《まがたま》みたいなものが幾つか、もつれ合って回転しているような光が見えて、「能登殿《のとどの》」と聞こえるわけですよ。

能登殿って、やっぱり平家の？　と思う隙に、ちょっと小振りで青みがかった、白い光がまた見えて。そのときの声は、聞き取れなかったんですけどね。「盛」は付かなかったと思うんだけど……。ともかく、なんか引きずっているらしいな、と。

そのせいだか、宮島に行って厳島《いつくしま》神社に参拝しても、どうもインパクトがないんです。私が行きたいところは、ここじゃないって感じでね。

なんだろうと思って、ふと、ああそうか、今の厳島神社って平清盛《きよもり》が造ったんだよな、と思い出した。それで、何かあるんじゃないかと思って地図を見てみたら、清盛神社というのがあったんです。よし、ここだと思って神社に行って、パンパンと柏手《かしわで》を打って目を閉じたらさ、私の背中の方からズルズルズルって、何かが抜けていく。ゾワッとこう……なんていうの、嫌な感じじゃないんだけど、肩凝りしてたのが一気に血流が良くなったみたいな感覚だよね。その感覚が頭に抜けたら、途端、目を閉じている私の脇に、あからさまに三、四人、誰かが平伏している気配がした。

あぁ、本当に憑《つ》いてきたんだ。

私は壇ノ浦から「平家御一行様」を「安芸の宮島・清盛対面ツアー」に連れてきてたんだなぁって。

それも全然、怖いという感じではなかったですね。私的にはむしろ、いい話というか（笑）。

でね。その旅行の後で、例の勘のいい人の集まりに行ったんだけど。中のひとりから、

「水場の女を憑けてきたの？」って言われて……。

「水辺の女……水辺に近寄った？」とか言われて。

「えっ、たくさん湧水のあるところ巡ったから、どこだかわかんないよ。あそこかここか」って訊《き》いたんだけどさ、結局、埒《らち》が明かなくて。

「でもまぁ、大丈夫だよ。誰かに話しちゃえば」と言われたので、今、この話を強引

に入れているわけです（笑）。

嫌な感じの幽霊

これはちょっと、ムカついた話なんだけどさ。

私、疲れたときとか、旅先で調子が悪くなったら困るなぁというときに、寝ながら意識で身体を点検するのね。

「胃の調子はどうかな」「肺はどうかな」とか、「肝臓は。うんうん、大丈夫」とか。これは誰にでもできることで、慣れてくると「胃がもたれてるな」と思って意識しただけで、本当に胃が動いてくれたりする。

自己暗示というか、一種の瞑想法《めいそう》というか。大体の内臓の配置さえ覚えていれば、できることなんですよ。

血の巡りとかも良くなるんです。「血管、血液」とか思って、心臓から動脈、毛細血管のイメージを追ってやると、凝っているところとかが、ちゃんと反応してくれる。

で、そんなことを国東《くにさき》半島の山の中に泊まったときに、やったわけ。

話が前後するんだけど、そこの宿に入ったとき、もう陽が暮れていたんです。新しい宿だったんだけど、入った途端になんとなく不潔な感じというのがあって……。

よくあるんだよねぇ。掃除が行き届いてないような感じ。

でも、そのときは疲れていたし、もういいやって思っちゃって。ともかく、身体をほぐすほうを優先して寝てしまいました。

それで、寝ながら、こっちが「胃」とか思うとさぁ、耳元でね……ムカつくんだよ、その幽霊。「癌《がん》だよ」って囁《ささや》くの。

「肝臓」「癌だよ」

「脾《ひ》臓」「癌だよ」

段々腹が立ってくるでしょ。三、四回やられたのかな。それで、チクショウ、もういいや、寝てやると思って。

そうしたら、閉じた目の向こうに、男の姿が見えたんです。コンクリートの石段みたいなものに座った、背中を向けた男の姿。白っぽいシャツを着て、シャツをズボンに入れるのか入れないのかはっきりしろって言いたくなるような、だらしない男が背中を丸めて座っている。そんなのがはっきり見えたんですね。

あ、こいつ振り向いたらヤバいなと思って、まぁ、シャットアウトしたわけですよ。

それで、暫くしたら今度は、穴の中から小汚い男が、手をついて這《は》い上がってくるのが見え始めた。その男は髪の毛が肩過ぎまで長くって、結構若いんだけどガリガリに痩《や》せていて、目がギョロギョロしている。すごく嫌な感じなのね。

それでまた、おいおい、これはヤバいよって、パッと意識を切った。

でも、このままじゃダメな感じだったので、仕方ないから、心の中で般若心経《はんにゃしんぎょう》唱えようと思ったんです。けど、眠いから飛ばしたりとか、どこ唱えてるかわかんなくなっちゃうわけですよ。で、マズいなぁ、と思ってたら、耳元近く、男の声で、「もう諦《あきら》めたら」ってさ。

途端、カッチンときちゃってね。

この野郎って、明かり点《つ》けて、お香炷《た》いて、声に出して般若心経を唱えて、寝た。お経が効いたんだか、怒ったのが良かったんだか、ともかく、その晩はそれでお終《しま》い。で、朝になってから、あぁまったくもう、どこから来たんだと思いながら、窓を開けたら、前が全部、墓でさ（笑）。

墓見た瞬間に、あれとあれの下にいる奴だ、ってわかったね。

＊

三津田　宿の横がお寺だったんですか。
加門　寺じゃない。ほら、よく山間って斜面に墓作ってるでしょ。あれよ。
三津田　すぐ側にあったんだ。
加門　うん。道を隔てた向こう側。

三津田　その幽霊達というのは夢というよりも、実際に目で見ているかどうかは別にしても、完全なヴィジョンとして見えていた、ということ？
加門　そう。瞼の裏に、別の景色がある感じ。ともかく、ああいう類《たぐい》は頭にくる。
三津田　それは害があったんですか。まぁ取り殺されるまではなかったかもしれないけど。
加門　なんていうの。要するに「お前、性格悪いんだよ」ってやつ。
三津田　ちょっかいをかけて来たわけ。
加門　通りすがりの人間に、「転べばいい気味だ」って思うような性格の悪さね。
三津田　感じ悪いですね。
加門　まったく。
三津田　でも、面白いと言えば面白い。「胃」「癌だよ」、「肝臓」「癌だよ」って。ちょっとブラックコメディみたいで。

＊

古墳の霊

時々、本当に瞼の裏にクッキリと、風景や映像が浮かぶ場合があるんだけど。やっぱり同じ死者でも、古墳のそれは恰好《かっこう》いい。

細かい話ばかり続いちゃうんだけど、前に九州に行ったとき、装飾古墳巡りをしたのね。すごく面白くて、夜になっても興奮してて、旅館に入って寝てからも、ずっと古墳のことを考えていた。

あそこに石室の入り口があって、あそこから入って、そうすると、こう、死者が寝ているわけだよなぁって……記憶の映像を辿《たど》りながら、考古学的な興味で考えていたんです。

そうしたら、突然、頭の中で考えていたことと丸っきり違う映像が、目の前に見えたの。びっくりして目を開けたんだけど、そのときは映像が見えたまんまでね。

本当に、古墳時代の兵隊なんです。顔に朱を塗って、短甲《たんこう》っていう袖《そで》なしの鎧《よろい》を着た男が、剣を振りかざしてくる。

走り込むように迫ってきたんで、思わず、うわって身を竦《すく》めたら、バシンって部屋が鳴って、消えちゃった。さすがにビビったけど、あれは、おっかないの半分、哀しいの半分だったなぁ。

あぁ、もうそこまでの力しか残っていないのか、私に危害を加えられるほどの力は残っていないのか、と、ちょっと可哀相な気持ちになっちゃった。

埴輪《はにわ》にしろ古墳の模様にしろ、力を込める器として残され、描かれているわけだから。ちゃんとした術さえ施してあれば、機能しているはずでしょう。無自覚とはいえ、こっちが意識で探ろうとしたから、向こうの意識に触れちゃったんじゃないのかな。そのときは、そう思いましたね。

古墳絡みでは、もうひとつある。これは学生時代、エジプトに行ったときの話ね。ルクソール神殿に行ったんですよ。

王家の谷と言われる場所で、墓に入ってさ。そこに落ちていた小石をひとつ、拾ってきちゃいました。

まだ、怖いもの知らずだったんですよね。この石、絶対、墓の一部だ。普通に流れ込んだ土砂とかじゃない。だから、お土産にしようって(笑)。

で、持って帰ってきたら、その晩、ホテルが大騒ぎになっちゃって。

寝てたら、すごく沢山の足音が押し寄せてくるの。壇ノ浦のホテルで女を見たときと似ているんだけど、自分が土の中に入っているような状態で、足音が私の寝ている一メートルくらい上で、バタバタバタバタッ……っと。天井よりは低いのよ。赤ん坊くらいの大きさの、小さな人間が走り回る足音がする。

その夜から、私、物凄《ものすご》く具合が悪くなってさ、食べたものを全部戻しちゃうのね。本当に景色が黄色かったり紫だったり、えらいことになっちゃって。

で、そこで気がついたんだよね、あの石ヤバかったんだと。でも、まさか王家の谷まで戻ることもできないから、エジプト内で、砂漠みたいなところを走ったときに、「ごめん。返しに行けないけど返す」って、バッと投げて……。

かなりいい加減な方法だったけど、結果的にはなんとかなった。国を変えたら、治ったし。本当に、途中でリタイヤして帰んなくちゃならないかと思ったくらい、きつかった、あれは。

のちのち、他の人に聞いたら……やっぱり同じことをやっている人は、どこにでもいるんだよね（笑）。エジプトで石を拾った人の体験は、まったく同じパターンなの。必ず自分の一メートルぐらい上を、小さな人達がバタバタ歩く。エジプトの墓にまつわる祟《たた》りの一典型だったみたいですよ。

＊

三津田　確か台湾のどこかで、玄関の沓脱石が日本人の墓石になっていたという話があったけど、ああいうのは利用者が意識していなかったらいいのかな。
加門　どうなのかねぇ。墓石自体より、埋まっているモノの問題だと言う人も多いんだよね。ほら、お寺が墓地を駐車場にするために墓石を移動する。でも、皆さんが新しい墓地に付いてくるとは限らない、と。石より、そっちに気を遣えという人もいるみたいだし。

三津田　なるほど。墓石だけ動かしても……。

加門　そうそう。墓石だけ動かしても意味がないってさ。そういうふうに捉《とら》えれば、墓石が沓脱でも、構わないのかもしれない。ただねぇ、やっぱり気持ちは良くないよねぇ。

三津田　話を逸《そ》らしてしまいましたが、どこでもそうだけど、現場から持って帰っちゃいかんね。

加門　だけどね。能力者の中には、そういうところの石をわざと持って帰る人もいるんですよ。

「げっ、そんなの持って帰って危なくない」って訊《き》いたら、「携帯電話みたいなもんだから」という言い方をされたことはある。

三津田　うん？

加門　つまりその場と繋《つな》がりやすい、と。私に真偽はわからないよ。

三津田　繋げて、どうするの。

加門　知らない。縁が欲しいんじゃないのかな。

三津田　なんかプラスになるのかね、その人の。

加門　神社とか、お寺だったら、わかるんだよね。そういう力を借りたいときって、あるだろうから。

三津田　そういうことか。それにしても、相変わらずの旅行ですな。

加門　旅行に行くとねぇ、色々と寄ってくるのよねぇ。

ここのところ、かなり鈍くなっているなと思ってたんだけど、そうじゃなかったんですね。要は家から出なかったから、環境が変わらなかっただけ。

三津田　体調とか、年のうちで何月が特に敏感になるとか、そういう波はあるんですか。

加門　私はそういうのはないですね。月の満ち欠けは関係しているみたいですけど。新月と満月はやっぱり見やすい。大体、そうじゃないのかな。女性は特に、そういうのに敏感なところはあるから。

＊

ある町工場の話

工場の話をしましょう。

何度も言うように、私は最近、自分ではあまり洒落《しゃれ》にならない事態というのは体験しないんです。さっきの旅行のように、何かあっても、いい話じゃんって形で収められたり、怒って終わりというのがほとんど。洒落にならないのは、人からの持ち込み話……。

こういう仕事を始める前から、ちょっとわかるんだって知っている人も多いしね。相談されたりする場合もあるんだけど。

「家相を見てくれ」「家に何かある」「調べてくれ」「こういうことが起こっている」「困りました。どうにかしてください」と。で、そういうのの大体が、馬鹿野郎って感じの話になるのね。

ちょっと愚痴になっちゃうんだけどさ。例えば誰かから「風水を見てくれ」とか言われるでしょ。

「見てもいいけど、悪かったらどうするの。改装するお金ある？　引っ越す度胸はある？」って言うと、誰もそんなことは考えてなくて、

「家具の位置を変えるだけで済まないか」「御札を貼ってくれないか」って。……御札って、私が書くんかい？　って感じなんだけど（笑）。

そういう安直な考えで、ものを言う人が多いんですよ。

最初に、そういう答えだったら、私はその場で断ります。まぁ、私はプロの風水師でも祈禱《きとう》師でもないから、頼む側もさしたる緊迫感は持っていないんだろうけど。だ

けど、それで振り回されるこっちは、いい迷惑でしょ。本当にマズい状態だったら、私が言えるのは「プロに相談したらどうでしょう」ってだけだしね。

土地の問題を言うなら、私は基本的に悪い場所にいるのなら、そこから出るのが大前提だと思ってるんです。傷を消毒しないで、上から傷薬を塗っても効かないわけだしさ。

ま、そういうわけで、私は滅多に人の頼みは引き受けない。でも、時々、非常に親しい人経由で話を持ち込まれてしまうと、断り切れない場合が出てくる。その工場の話というのも、断り切れなかったケースのひとつ。

持ち込んできたのは、私の幼馴染《なじ》みなのね。幼稚園の頃から付き合っていて、人形を取り合って取っ組み合いをしたような間柄。その子が働き始めて——営業やってたんだけど——ひとつ、お得意様ができた。ところが、その得意先の工場がすごく変なところだ、と。

よせばいいのに、彼女、私のことを相手に少し話したらしくて、「見てくれないか」という話になっちゃった。

「頼むから、見に行くだけでいいから、来てちょうだいよ」って。

幼馴染みのお得意様じゃ、しょうがない。彼女の顔を立てる形で行きました。

これはねぇ、本当は見取り図がないとよくわからない家なんですけど……。

まず、土地から話をしますね。商店街のすぐ側なんです。結構大きい商店街で、かなり賑《にぎ》やかな感じのところ。現場は、そこから一本奥へ入っただけの場所なんだけど、草ボウボウの廃屋があったり、妙に広い空き地があったりと、突然、尋常じゃないほどの寂れた様子になるんです。立地だけなら、結構、好条件の土地だと思うんですけどね。ともかくひどく寂れている。

で、なんか土地自体がおかしいなぁと思いながら、問題の場所に着いたわけ。

直線的な狭い道があって、倉庫とか並びあう形で工場がある。結構、間口が狭くてね。

道を隔てた向かいには、新しい建売住宅が数軒建ってるんですが、幼馴染みの彼女曰《いわ》く、そこも元々は工場主の土地だったとか。

ちょっと気になったんで、私、最初に、その建売住宅を見たんですよ。無論、新しいんだけど、絶対、住みたくない感じでね。詳しい理由を言うと、場所がわかっちゃう可能性もあるので言いませんけど……ともかく、色々問題がある。

私を連れてきた彼女は、ある程度、事前情報を仕込んでいる感じだったんで、

「ここ、出るだろう」という話をしたら、

「うん、新しく建て替えたんだけど、女が出るという噂があって」

「なんで手放したの」

「出るから、手放したんだって」

「酷《ひど》いよ、それ」

そんなことを言いながら、住宅の一角をグルッと歩いてみたら、古い塀の一部が残されているのが見えてきた。コンクリートブロックの塀がね、半分崩れかけたような形で残っている。

「どうしてこれ、壊さないの」

「さあ」

「全部、更地にして、地鎮祭《じちんさい》して、綺麗《きれい》にしてからやればよかったのに」

「そうなんだけど」

「でも、住む人が変わっても出るということは、家人がどうこうということじゃないのかも」

そんなことを喋《しゃべ》りつつ、工場の中に入っていきました。

約束は、夜の七時だったんです。当然ながら、従業員とかにそういう話は聞かせたくないわけですよね。で、入っていったら、がらんとした工場の中に、オジサンがひとりで立っていて、顔を合わせるなり、「ともかく見てくれ」と。

私としては、まず事情を話して欲しかったんだけど、なんでだか、話してくれないの。取り敢《あ》えず、男が出るとか女が出るとか色んな噂があるということだけ言って、

「で。どうなんだ、家相的には？」

突っ立ったままでわかるわけもないでしょう。だから、「中を見せてください」と言って、ぐるっと歩いたわけなんだけど……思いっきり変な造りなのよ。

縦に長い工場でね、途中から中二階に続く階段がある。その中二階のせいで、奥は異様に天井が低く思えるの。主な部分は、鰻《うなぎ》の寝床みたいな長い長方形なんだけど、奥の左角からクランクするような形で、狭い廊下が続いてて、廊下の先はなぜか行き止まり、と。

その廊下自体、非常に狭くて、壁と床がすべてコンクリートの打ちっ放しになっている。廊下というよりトンネルという感じなんだよね。しかも、クランク状に曲がった角に、いきなり蛇口が飛び出していて、生産した部品を洗う水場が池みたいにあったりするわけ。その水も濁っていて気持ちが悪いし、家相自体も、ひと言で言えば「最悪」っていうのが正直な気持ちだったんだけど。

でもまぁ、それはまだ、この場所にしてみれば、決定的な部分じゃなかった。何より気になったのは、廊下の手前——母屋部分の一番奥にある壁。

なんにもない漆喰《しっくい》の壁なんだけど、あからさまに扉の跡が残っている。扉を漆喰で塗り込めた感じになっているんですよ。

「ここ、扉ありましたよね。なんなんですか」って訊《たず》ねたら、工場の後ろに、木造二

階建ての寮があって、

「その寮に通じていたんだ」と。

でも、「今、その寮は使わないから、通路を閉じて、閉め切りになってるんですよ」

って、オジサンは言うの。しかも、寮自体にも、出るという噂があるらしい。

それで、今度は寮に案内してもらったんです。

鉄の外階段が付いている、かなり古い家屋でね。工場と十センチの隙間もないほど、隣接して建っている。これがまた、物凄《ものすご》く陰気なんだよね。

しかも、「一階のドアはどこなの」って訊ねたら……入り口は塗り込めたドアの真向かいにあって、べったりくっついている形だから、今は入るところがない、と。

二階から一階に下りる内階段もないって話で、つまり、一階は密室状態だと言うんです。二階だけは、外から階段で行けるんだけどさ。「誰も住んでないから、それでいいんだ」みたいな話をオジサンはする。

だけど、なんで一階の出入り口を塞《ふさ》がにゃならんのか、よくわからない。それで、そっと彼女に訊《き》いたら、

「あそこ、夜中に通ったら、明かり点《つ》いていたという人がいるんだって」

ふーん。無人の家でねぇ？　やっぱりヤバいじゃんと思って、オジサンにその件を訊ねたら、

「いやもう、電源全部抜いちゃってるから……。じゃあ、ちょっと、寮の二階も見てよ」という話になっちゃった。

途端、私、ゾクゾクしてきてさ。これはかなりすごいことになっていると思ったから、

「では懐中電灯を用意したいので、ちょっと失礼します」って。

一回は、逃げたのよ、私。

それこそ、私なんぞの手に負えるもんじゃないんだよね。理由はともかく、物凄く怖い。どうしよう、どうしよう、と思いつつ、コンビニで懐中電灯を買った。

そうしたら近くに神社の鳥居が見えたので、「取り敢えずお願いしよう」と、彼女と共にお参りして……まあ、完全な神頼みだね。そこに入って気を落ち着けて、ふたりとも黙りこくったまま、例の工場に帰っていった。

オジサンはもう、ノリノリでさぁ。待ちかまえていた様子で、私達を寮に連れていくわけ。もちろん、行きたくなかったんだけど、ここまで来たらしょうがない。懐中電灯を構えて、二階への外階段を上がっていった。

ところが。

二階の入り口って、古い木造アパートにあるような、塡《は》め込みガラスの付いている片手開きのドアなんだけど。そこのドアノブが、外階段の柵《さく》のところに針金でグルグ

ル巻きに巻き付けて、開かないようにしてあるんだな。

それ見た途端に、またもや私、ゾッと鳥肌立っちゃって。

だって、そうでしょ。そんなの、鍵《かぎ》かけとけばいいだけじゃん。ドアにガラスが嵌《はま》ってるんだから、防犯云々を言うのなら、まずガラスを割られないようにするべきでしょう。なのに、ドアノブに針金巻いてる。絶対に入ってはいけないんだか、それとも——そのとき、ふと思ったんだけど——誰かを出したくないような感じで。

針金は物凄く複雑に絡めてあるんで、オジサンもなかなか解《ほど》けなくってさ。私はもう、やめてくれという感じだったんだけど、オジサン、「ペンチ持ってくる」って言って、一旦下りていったわけ。

そして、オジサンが下りる瞬間。

どん、どん、って。

内側から、ノックが聞こえた。

オジサンは聞いていないみたいだった。でも、私と彼女は顔を見合わせて……もう、真っ青。

電気もなくて、針金で封じられた家の中に、誰かがいるわけないでしょう。一階からも入れないんでしょ。なのに、内側から確実に二回、重いノックの音が聞こえた。

オジサンは気がつかないまま、下にいっちゃって。私達は硬直したまま。

そうして、暫《しばら》くしたらオジサンが戻ってきて、本当に開けるのかよと思う間に、ペンチでパチンと針金を切って、「さぁどうぞ」って。

戸を開けた瞬間、もう、なんと言ったらいいのやら……。

まず、内部の造りなんだけど。

玄関の脇に小さいシンクがあって、玄関を挟んで、シンクの逆側は物置きみたいになっているんです。その玄関の真正面に、真っ直ぐ廊下が延びててね、先を廊下が横切って四畳半が四つ、襖《ふすま》で区切ってある。

襖が全部開いていたから、その様子が見えたんだけどね。つまり、十字に切られた廊下に、正方形の部屋が四つ、完全なシンメトリーになってて……うー、最悪。

しかも、内の様子たるや、今、人がいなくなったんじゃないの、っていうような生々しさなんですよ。

流しには、洗い物が突っ込んだまんま。蒲団《ふとん》は誰かが抜け出した感じのまんま。卓袱台《ちゃぶだい》には、お茶碗が置いてある。それがそのまま埃《ほこり》を被っていて……勘弁してくれよって感じになっちゃって。

でも、そのオジサンは「ともかく入れ」と私の背中を押すわけよ。悪魔だったな、そのオヤジ（笑）。

で、半ば押される形で突っ込まれたら、なんかねぇ……玄関はコンクリの三和土《たたき》なんだけど、すごく柔らかいスポンジに足を突っ込んだみたいに、ズブズブズブっと自分の身体が沈み込むような感覚がした。平衡感覚がなくなって、私もう、何もわかりませんみたいな状態になっちゃって。

どうやら、「うわっ」って声を上げて、外に飛び出したらしいのね。

友達は、びっくりして「どうしたの」って訊くんだけど、「いや、ちょっと、これ、ちょっと、洒落《しゃれ》にならない……いや」と。

オジサンはまだ「中に入れ」とか言うんだけど、

「いや、入らなくてもいい、わかる。いい、いい」とか言って、私は階段を駆け下りてしまいました。

「何がどうなった、どうなった」と、オジサン、訊くんだけどさ。

「ともかく、状態はわかった。結果は後でお知らせします」と、完全に逃げを打って、

「私ちょっと、この建物の周りを見ながら帰る」って、飛び出してしまったんだよね。

それで、気を落ち着けてから、改めて周辺を歩いたの。

最早、私の手に負えるもんじゃないというのはわかってたけど、やっぱり、何か法則なり、原因なりを見つけたいって気持ちもあってさ。

それで、彼女と工場の周囲をグルッと歩いたら、寮と道を挟んだ向こう側に、小さいお寺があるのが見えた。ここ怪しいな、と思って入っていったらね。小さいお寺な

んだけど、脇に戦没者慰霊碑から始まって、お稲荷《いなり》さんやら道祖神やら、あからさまにそこの寺とは関係のないものが、ゴチャゴチャっと詰め込まれている。

あ、これ、他の寺とかを潰《つぶ》したときに集めたな、と。多分、元々は工場の敷地一帯にあったんだろう、と。

そんなことがわかったんです。でも、何か手が打てるかといったら、打てない。ともかく、さっき、お願いした神社にもう一度寄ってから、御飯を食べて帰ることにした。

車でちょっと走ったところに、ファミレスがあったので、そこに入ってね。

「席に座る前に、手を洗って、うがいしてきて」って、彼女に言って。私も手を洗って、うがいして。

席に着いたら、向こうは早速「どうだった」って訊ねてくるんだけどさぁ。

実は私、そのときはもう、カンカンになってたんだよね。あの工場、幽霊が出るとかだけの問題じゃないって、何となくわかっていたからさ。それで、

「あんたねぇ、白状してないことがあるだろう。何かあったんだろ、あそこの工場。ちゃんと話してくれなかったら、どうもこうもできねぇんだよ！」って怒ったの。

そうしたら、案の定、ただ、お化けが出るだけじゃなかったんだな。

まず、先々代が、あそこの土地を買って暫くしてから、寮の中で首吊《つ》り自殺をして

しまいました。それで次に、先代が工場の中で、謎の焼身自殺……。で、今、あそこを経営しているオジサンは、先代の次男なんだよね。最初は長男が継いだんだけど、あるとき突然、錯乱して、「俺はこんな暗い職場は嫌だ」と言って、飛び出してしまったんだって。

それで今回、工場を見て欲しいと言った理由は、近々寮を壊して家を建てて、住みたいという希望があるからだ、と。建て替えと同時に、幽霊騒ぎも何とかしたいということだったの。でも、

「建て替えなんてしても駄目だよ、駄目。絶対、あそこは土地自体、ヤバい。私にできることないからね」

「でも、なんか言ってくれないと」

「じゃ、あの近くにあったお寺か、自分の檀那寺《だんなでら》に行って、お坊さんに相談しろって言ってあげなよ。プロに任せたほうがいいって」

じゃあ、そう伝えるということで、その日の話は、それでお終《しま》い。

で、後日、結果を訊《き》いたらさ。一応、言うとおりにしてくれたみたいで、お坊さんを呼んだって。だけど、よっぽどまずかったんでしょうねぇ。寮を壊して、新しく建てた骨組みのところに、御札を貼って、それを上からコンクリで塗り固めたんだってさ。絶対に剝《は》がれないように……。

でも、そのオジサン、まだ不安みたいでさ。

「処置をしたから大丈夫かどうか、もう一度、見にきてくれ」と、何度も何度も友達に電話をかけてくるらしい。

正直、私はもう、あのオヤジ自体もヤバいと思っていたから、冗談じゃないって思ってさ。下手したら、こっちに全部おっ被せてくる可能性があるからね。

実は私、用心して最初から、名前も名乗ってなかったんだよね。だから、改めて私の名前も住所も電話番号も、絶対に言うなって、念押ししてて、「没交渉ということで押し通せ」と、なんとか事なきを得たつもりでいたのに……。

それから暫く経って、たまたま彼女が家に来たんです。それで、御飯を食べに行こうと、車に乗って、まぁ、なんとなく、あの工場の話になったのよ。

「まだ、連絡あるの？」「最近は全然」とか言った途端に、彼女の携帯に電話がかかってきて。

そう。そのオジサンなんだよね。

彼女、電話取って、「えっ、あの人？」って、私の顔見るからさ、いない、いない、いないって、首振って。

電話を切ってから、「びっくりしたねぇ」って、二人でヘロヘロになっちゃった。

まぁだ、縁切れていないよぉ、と。

＊

三津田　その後、何か動きは？
加門　今のところはそこまで。その子とも会ってないし。
三津田　首吊りした爺さん、どこで吊ったの。
加門　寮の一階で首吊ったんだよ。
三津田　それで封印しちゃったんだ。
加門　身内なのに。酷《ひど》い話だよね。
三津田　焼身自殺はどこでしたんだっけ。
加門　工場の中二階。
三津田　そんな状況で二人まで死んでいると、普通は家の中に出るわな。
加門　普通はね。でも、住み続けるんだから、よっぽど鈍いか……。うーん、結局、そこに住むべくして来ちゃう人っているんだよね。変な言い方だけど、土地に選ばれたという状態になってしまう人もいる。結局、いい意味でも悪い意味でも縁づいて、そこを選ぶわけだから。
三津田　工場を建てたり拡張したりしたときに、お稲荷さんなどすべてを移動させて、近くのお寺に……。

加門　まとめちゃったわけだ。でも、私は塚とかを移動したのは、工場が建った時点より、もっと前の時代だったと思ってる。それで、更地にしたところを買ったのが、あの家族でしょ。

三津田　そのお寺も、よく引き受けたね。

加門　いや、よくある話なんですよ。道路拡張をしたり、土地の整備をするときに、小さい石のお地蔵さんとか、氏子の少ない神社とか、寺に置いたり、大きな神社の摂社にしたりして、まとめちゃうのね。主に明治以降、東京だけじゃなくて、全国的にそういうことは起こってる。

決していいことではないと思うんだけど、全部を残しておいたら確かに、人間が不便なわけだしさ。あの場所は、アフターケアをきちんとしていなかったんじゃないのかな。

＊

二階が怖い

もうひとつ。やっぱりそうやって人に頼まれて、「家を見にきてくれ」と言われた話が……。

今の話よりは、ちょっと、さっぱり系というか……うーん、さっぱりでもないかなぁ。

ともかく、最初に言いたいのは、買ってから物件の相談をするのはやめてくれ、ということなんですよ。

大概、そうなんだよね。で、買った後で相談に来る物件って、ほとんど破格に安いわけ。で、「お、買える。掘り出し物」って買っておいて、その後で不安になるんだよ。

それで、過去を洗ってみたら、「ありゃっ」てことが出てきたりして。

この話のときも、そうだったんです。それで、やっぱり、私は断り切れない世のしがらみってヤツに振り回された、と。

最初は「まだ契約するか迷っている」という話だったの。だから、大丈夫かなと思っていたんだけど、私がその人達に会ったときはもう、買ってしまった後だった。馬鹿野郎って思って、家を見たら、思ったとおり最悪で。

一軒家なんだけど、家相的にまず、最低。買う前だったら絶対、止める物件だよね。でもさ、こうやって相談しにくる人って、結構、押しが強いんですよ。本当は小心なんだけど——だからこそ、無理にでも相談したいなんて言うんだけど——それを隠すがために、ひどく強引に出てくるタイプ。男女問わず、これは変わらない。

そのときの相手もそういうタイプで、下手なこと言うと怒鳴り飛ばすくらいはするな、って感じの人だったのね。

住むのは家族全員だけど、相談に来たのはひとり。それで、家相見てみて、まぁ、悪いな、と。

「どうしたらいい？」って言うんだけどさ。物件を選ぶという根本的な部分でもう、アウトなわけだから、ささやかな対症療法以外、こっちは言えないわけですよ。「このドアは、使わないようにしたほうがいい」とか、「室外機の場所を変えられませんか」とか。焼け石に水とは、わかってるんだけど、そういうことしか口にできない。そうしたら、案の定、「現地に来い」と。「車でお迎えに上がります」なんて、言われちゃってね。

最初は見取り図で見た。もう方位から家相から、よくまぁ、こんな考えなしの……。どうやら、前の家の人が病気になって、持ち切れなくて手放してしまった中古の家だったらしいんだな。

それでまあ、またも、しょうがないから行きました。

この現場に行ったときは、昼間でね。いい天気の日だったの。でも、家に入ったら、家相云々を置いといて、玄関口が妙なのよ。入ったところに、空の水槽が置いてあるんだわ。

「なんでこの水槽、空なの」

「うちの子、亀が大好きでね。でも、買っても買っても、私達が留守にして帰ってくると死んでるのよ」

「ほーお、死んでるんですかぁ」って（笑）。

家に上がったら、一階は私がなけなしの指南をしたとおりにやってある。一応、素直なんだよね。頑張って、明るく生きていこうっていう気持ちがこっちにも伝わってくる。小さな子供のいる家だから、雰囲気も家庭的だしね。

だけど、二階が怖いのよ。二階に続く階段を見るのも嫌な感じ。

それで「二階ってさ、引っ越してきたとき、どうだったの」って訊いたら、奥さんは「よくわかんないんだけど……」と口を濁す。そうしたら、旦那のほうが、「あれ、困ったよな」とか言い出して。何が困ったのかと訊《たず》ねたら、家に入ったら、二階の壁の一面、横並びに御札が十枚も貼ってあったたって。

「前の人たちが残していっちゃったんだよ」ってさ。

明るく言う話じゃないだろう、と思いつつ、

「その御札どうした？」

「捨てた」

訊いた瞬間、もう駄目かも、と思いましたね。

でも、取り敢《あ》えず「一階はOKだよ。大丈夫だよ。思ったよりもOKじゃん！」と明るく言い切りました。

言っておくけど、私、お祓《はら》いとかは絶対にしないし、できないからね。相手にも、そういうことはしないって、事前にいつも言うんだけど……。それでも頼まれるのは、いざとなったら、なんとかしてくれるだろうみたいな甘えが、向こうにあるのかな。

ともかく、それで帰ろうと思ったら「二階も見ろ」と言うんです。嫌なんだけどさ。ここで、下手に断れないでしょ。私、辺りを見渡して……まぁ、その家には可愛らしい猫がいたんですよね。おとなしい猫だったんで、私、そいつを抱き上げて、「じゃあ、二階も見ましょうか。よしよし。お前も行こうねぇ」って。

動物ってすごく敏感なんで、そいつを頼みにしたんです。飼い主が、「その子、二階嫌いなの」って、言ったから、余計に私はこりゃイケてる猫だと（笑）。

で、猫を抱いたまま、二階の階段をトントントンと上がって、上に着いたら、猫がガタガタガタガタ、私の手の中で震え始めた。それで、正面の御札を貼ってあったという部屋をパンッと開けた途端に、「ギャオ！」って叫んで、猫はダァーッと降りていっちゃったのね。

同時に、私は開いたドアの向こう、子供の足がすうって歩いていくのが見えて……。

家人は全然、気づかなくてさ。

「ほら、日当たりいいでしょ」

「うん、日当たりいいねぇ、あっ、猫いなくなっちゃった」って言いつつ、私は猫を追いかけるふりをして、下に降りていっちゃいました。

結局、何も言わなかったですね。なんでかというと、ともかく彼らは、「大丈夫だ」のひと言が欲しいだけだって、わかっていたから。

何しろ「駄目だ」って言ったら、途端に怒り出すんだから。見取り図を見た時点から、散々不機嫌になられていたんで、今回も単に「ＯＫだよ」と言って欲しくて私を呼んだのはわかっていた。

まぁ、私自身は嘘を吐《つ》いたことになるんだけどね。それも仕方ないと思う。だって、言うに事欠いて、

「この間、霊能者の誰々さんという方に来てもらった。全然、何の問題もないと言っていたのよ」

そんなことを私に言うわけ。

「悪い」と言った私への当て付けのような感じでね。だったらもう、知らない、と。

「あぁ、プロが言うんなら、間違いないでしょう」って、私は引き取ったんです。

結局、半月も経たないうちに、そこの奥さんは事故っちゃうし、子供は具合が悪く

なって入院しちゃうし。

＊

三津田　それまでに何かあったわけじゃないのかな。ただ妙に安い家を買ったので不安になって、というだけだったのかな。

加門　何かあったのかもしれないけど、それは私は訊《き》かなかった。

三津田　霊能者の人が「ＯＫ」だと言ったのに、また加門さんに頼んだということは、不安が続いているわけだから、やっぱり本人達も何か感じてはいるんだろうね。

加門　多分ね。

三津田　しかし、その霊能者もいい加減というか、詐欺？

加門　いい加減だよね。でも、匙《さじ》を投げるという状態も、世の中にはあるわけだから。

三津田　加門さんと同じ気持ちだったかもしれない……か。

加門　かもしれない。わかんないよ。

三津田　よく聞く話で、ある場所の除霊をしてもらおうと霊能者なりお坊さんを呼んでいたら、その本人が車から降りてその場所を見た途端、「あっ、これは私の手に負えない」と言って、踵《きびす》を返して帰っていったというのがありますよね。
ちなみにその家族は、まだその家に……。
加門　うん、住んではいる。でも、もう生活できないと思うのよね、あれじゃあねぇ。
　ただ、私のところへ話を持ち込んだ友達とも、彼らは縁を切っちゃったから、その後の経過はわからない。縁を切った経緯は個人的な問題だから、私は関知しないしね。
　友達には「あんたを通して、この話が、これ以上継続されては困る」とは言ったけど。
三津田　今ちょっと思ったけど、これまでに聞いた話、いわゆる友達が加門さんに持ち込んだ話って幾つもあったけど、事が終わるとことごとく友達はその知り合い、つまり依頼主と別れているよね。
加門　そうなんだよね、不思議なくらい。
三津田　まぁ、いいことだと思うけど。
加門　私の見立てが当たっている当たっていないはともかく、私と長続きする人は結局、似たような感性をしているわけだし。やっぱり何か、嫌な感じになっちゃうのかもしれないね。

三津田　家は怖いねぇ。

＊

業界では有名な幽霊屋敷

家の話、まだあったかなぁ。

あぁそうそう、某出版社別館の話。

あそこに行ったことがあってね。あの……これはどこまで話せるかわかんないんだけど。まぁ、いいや。

ともかく、あそこは噂に違《たが》わず、おりますな。でも、私が行ったときは、肝心の、出ると言われる場所の鍵《かぎ》を案内人が忘れてきちゃって。そこには入れなかったんで、気配ぐらいしか感じなかった。

しかし、あの会社、本館もかなり怖いんだよね。

最初に本館で打ち合わせをして、別館に行く前、化粧室を借りたのよ。そこのトイレはコの字形に廊下を回ったところにあるんだけど……。個室が並んでいる手前、更衣室になっているんですね。で、そこの戸だけ開け放たれている。

私、入っていって、更衣室を見た途端、わけもなく「ヒッ」って悲鳴を上げてしまったんです。それで、バッと視線を逸《そ》らして。ともかくあっちは見ちゃいけない、と。鏡があったたな、というのだけ記憶に留《とど》めて、用を済ませてトイレから出た。別館に向かう道すがら、あれ怖かったなぁ、なんだろうと思ってたら、同行した女性編集者がふたり、話をしてる。

「あのトイレの更衣室さぁ、注意しないと駄目だよね。張り紙でも貼ろうか」って。

「どうしたの」って訊ねたら、「髪の毛を梳《と》かした後、ブラシについた毛を捨てていく奴がいるんだ」と。

どういう状態かというと、更衣室だから、女子社員が化粧ポーチとかを置いておくわけ。ところが、ふと気がつくと必ず、指でクチャクチャッと丸めたような数本の髪の毛が、ポーチなんかの上に落ちているんだって。

「それって、鏡の前に置いておくと落ちない」って訊《たず》ねたら、

「そうなのよ」

「鏡の前ってさぁ、染みがない？　台の上に」

「ある。よくわかりますね」

「見てきたから」とか言いながら、「それ、張り紙じゃ駄目だと思うな」って言った。

他にも色々いる感じだけど、あそこのトイレには女がいますな。

＊

三津田　何階のトイレなんですか。
加門　七階。
三津田　他にも出るの？
加門　なんかね、有名なところがあるみたいよ。「二階がヤバい」とか「三階がどうだ」とか。
三津田　一応、社業には影響は出てないよね、今のところは……。
加門　それは……まぁ、いいや。
三津田　ひょっとして、逆に守られているとか。
加門　実は、帰ってきて一週間くらい経ったらさ……。いや、やめましょう。この話はここまでね。私はまだ、物書きとして生きていたいし（笑）。
三津田　確かにこの話は、同じ業界の話という以上に色々と差し障《さわ》りがありますね。それにしても、出版社って多いですよね。「×××の地下二階は閉め切られているのに、内部で人の気配がする。開けるとヤバい」とか、「×××は完全に風水を考えて建てられている」とか。やはり「出版は水物」と言われている世界だからかなぁ。

加門　出版社とか、テレビ局とか、ラジオ局とか。なんであんなに溜まるのかね。でも、清濁併せ呑《の》む気構えがないと、マスコミ業はやれないだろうから。

三津田　『幻想文学』61号の百物語特集にも書いたんだけど、後輩から聞いたSビルの話というのがあって。

ビルの屋上から女性の飛び降りがあった後、地下二階に「出る」という噂が社員の間を駆け巡ったと。地下二階の廊下の壁に、女性の顔のように見える染みが浮き出て、何度拭《ふ》き取っても消えない。残業をしていると、その壁の前を通ってトイレへと向かう人影が視界に入る。こんな時間に誰が……と思って見に行くと、誰もいない。念のために失敬して女子トイレも見るが、やはりいない。また、ある夜の残業では、電話の音で反射的に受話器を取ろうとしたら、鳴ったのは内線の音だったんだけど、なのに全回線のランプが点《つ》いていたと。もちろん怖くて受話器は取れなかったとか……色々あったようです。

＊

真夜中の電話

電話は怖いよね。以前、ただの悪戯《いたずら》電話だったのか怪談だったのか、全然わからない事件があったんですよ。

うちの電話は、ご存じのように居留守電になっているでしょ。変なところから、かかってくる場合もあるので、名前を名乗らない限り、私は目の前にいても電話に出ない。悪戯電話や勧誘避けには結構、重宝なんですが。

ところが一時期、夜中の一時過ぎに変な電話がかかってきたことがあったんです。録音状態になっても、なんにも喋《しゃべ》らない。それで、周りから、ザワザワという雑踏に似たような音が聞こえる。どうやら携帯電話らしいんですよ。

で、受話器の近くで結構、若いアンチャンが、誰かと「……だよなぁ」とか、ダベっている。最初、私はたまたま、携帯でうちの番号を押し間違えて、それが何かの弾みでリダイアルでかかったのかな、と、そんなふうに解釈していたんです。

ところが、一ヶ月くらい経ったら、また同じ状況の電話がかかってきたの。それで、やっぱり、雑踏の音が入っている。

うーん、なんだ、これ？ この間と同じパターンだなと思って。そうしたら、電車の通る音が聞こえてきた。ホームか、これ？　ちょっと待って、今、何時だ？　二時過ぎてんじゃんって。

電車なんかない時間でしょ。でも、それこそ渋谷とか新宿駅の雑踏のような音が聞こえるのね。おかしいなぁ、と思って聞いてたら、そのうち、ハハッと笑う声が聞こえて、プチッと切れた。

そういうパターンの電話がね、一ヶ月に一度だったり、あるいはもっと置いて三ヶ月後だったり、忘れた頃にかかってくる。

なんかおかしいなと思って。リダイアルで間違えるにしたって、変でしょう。すぐ側にいて、下らぬ話をしている若者の声とかも同じだし、状況もいつも変わらない。電車の音はもしかしたら、トラックとかが走っている音かもしれないけどさ。

意図的なものを感じるんだけど、現実的な悪戯電話にしてはインパクト弱いし、まぁ、ともかく出ないでおこうと思って、いつもそのままにしておいた。

結局、その電話、数年に亘《わた》って続いたんですよ。でも、あるときからピタッと来なくなった。定期的なものではなかったから、こっちも存在忘れていて、ヤレヤレとも思わずに過ごしていたんですけどね。それからまた、二年くらい経った頃、夜中、またまた、同じ電話がかかってきた。

ザワザワと雑踏の音がして、あれ？　これ……って思った途端に、留守電の向こうから、「久し振りだねぇ」って、ひと言。
それで、切れちゃった。
わかんないんだよねぇ、あれは。

＊

三津田　リチャード・マシスンの短編で「長距離電話」という作品があって、なんかそれを思い出してしまった。ある老婆に毎晩、無言電話がかかってくる。相手は喋らないんだけど、電話の向こうに妙な気配を感じる。それで電話局の人に頼んで調べてもらうと……という話なんだけど、それと似てるな。オチが一緒だとヤバいけど。
加門　オチって。
三津田　未読の人のために、ここはオフレコで言うと「×××だった」という。
加門　ほお。
三津田　ところで、その「久し振りだねぇ」の声は聞き覚えが……。
加門　確信はないけど、多分、笑ったりとかしていた若者の声。いつも状況は全く同じで、賑《にぎ》やかなプラットホームみたいな場所からかけてくる。
三津田　そういう文明の利器というか、昔はなかったモノをヤツらは段々と利用してくるねえ。
加門　するする。
三津田　そうされると、やっぱり斬新だし……。
加門　斬新？（笑）
三津田　今までになかった恐怖だから、怖いんだな。ポケベルのときも携帯のときも、そういう怖い話は出てくる。ミステリのトリックに似ているかもしれない。
加門　確かに。どんどん発展するもんね。
三津田　最初はすごく意外性があって。でも、そのうちにそれが典型になっていって、そうするとバリエーションが出てくるという。
加門　典型になるとつまらないよね。でも、案外向こうも手を変えてくる。
三津田　例えば、今では典型になっているけど、電話と言えば捨てた人形が、「私、××。今、○○にいるの。これから行くから」って言って、どんどんと自分のいる家に近づいてくるという話があったでしょ。あれ、一番最初に聞くか読むかしたとき……。
加門　怖かったよねぇ。
三津田　それから、看護師の幽霊に追いかけられてトイレの個室に隠れて、夜が明けてヤレヤレと思って顔を上げたら、上から覗《のぞ》き込んでいたって話。端から順番にノックの音が聞こえるというのは定番だったけど、上から覗いていたというのは。しかも、一晩明けたら助かるのが普通だったのに、それが一晩中、上から覗かれていたというのは。あの話も最初に知ったときには、ちょっとやられたなぁという感じだった。

＊

雪の降った夜に……


数年前の一月、東京にドカ雪が降ったことがあったじゃないですか。大体、成人式の前後って、東京は雪が多いんだけど。

そのとき、私はやんごとなき用事があって、出掛けざるを得なかった。それで、もう雪で電車が止まるって騒ぎになって、夜の十一時くらいに家の側に帰ってきたんです。

我が家の側には結構、大きな幹線道路が通っていて、普段は車の出入りも多いしコンビニなんかも充実している。ところが、その日は交通が麻痺《まひ》状態で、見渡す限り誰もいない。もちろん、車も通っていないし。真夜中だとしても寂しいくらいで、信号だけが勝手に動いてますって状況でね。

異常な感じなんだけど、街灯に雪が白く反射して、道は誰も踏んでいないし。すごく綺麗《きれい》なんですよ。私は少し嬉《うれ》しくなりながら、近くのコンビニに――飲み物でも買いたくなったのかな――寄ってから、家への帰路を辿《たど》っていった。車なんか来やしないから、信号なんか無視して、道路渡ってね。

幹線道路の近くには大きな工場が隣接していて、夜間はいつも人気《ひとけ》がないんですけれど、そんな状況だったので、そのときは余計に静かだったの。

工場の向かいには、家賃の安そうなアパートが何軒か建っている。その道――片側は工場、片側はアパートっていう道を、雪に滑るのを気を付けながら、歩いていった。

雪って音を吸収するじゃないですか。それもあって、本当に自分の足音以外なんにも聞こえないような状況で歩いていったら……向こうの方から風鈴の音が聞こえてくるんです。チリーン、って。

私は最初、この真冬に風鈴を下げている馬鹿がいるよ、と思って。まぁ、正直、不粋な奴だなと考えた。

話から逸《そ》れるけど、本来、風鈴というのは、夏場でも夜になったら取り込まなくっちゃいけないのね。鈴の音っていうのは一種、霊的な作用を持っているものだから、夜に不注意に鈴を鳴らしてはいけない。しかも今、真冬じゃん。

それで、せっかくこんないい雪の夜なのになぁ、と、なんとなくムカつきながら歩いていくと、またチリーン、と聞こえてくる。

どうやら並んだアパートの中の、どこかで風鈴を下げてるらしい。

いつもは、アパートなんて気にもしないんですけどね。速く歩けないこともあって、私、音のする方を見たんですよ。そうしたら、アパートとアパートの間に、路地みたいな道があるのに気がついた。その奥から風鈴の音が聞こえてくるから、路地の奥を覗き込んだら……暗くてよく見えないんだけど、どん詰まりに四角い井戸があるように見えたんです。

あれ、井戸？

下町とはいえ、東京だしね。井戸があるのは変なんですよ。でも昔は当然、沢山の井戸があったわけだから、絶対にないとも言い切れないし。

で、おかしいな、あんなところに井戸があったかなぁと思いながら、じっと見た。ともかく暗いし、雪で輪郭はボケてるし、井戸らしきもの、というまでしかわからない。けど、井戸とかにはありがちな……上に簀子《すのこ》みたいな覆いがかけてあるようにも見える。それで、その簀子の上に、漬け物石みたいなものが載ってる、と。

なぜか、近づく気にはなれなくってね。あの石、押さえにしているのかなぁ？　変だなぁ？　井戸かなぁ？　と、立ち止まって見ていると、また、風鈴がチリーンと鳴る。

そのうち、じりっじりっと漬け物石が動くような気がしてきたんですよ。なんだろうなぁ、と益々気になって、よせばいいのに目を凝らして見てしまった。

そうしたら、その漬け物石が、下から上に回転するように動いていってさ……。首なんだわ。髪の毛の長い、女の首。

あ、首だって思っても、もう、私、動けなくなってるんですね。怖いというより、不思議な感じばかりが頭に来ちゃって、マジかよ、とか思いながらも、じっと見ていた。

だけど、首がそろそろと顔を上げて、目が合うという瞬間に、いきなり物凄《ものすご》くゾッとして。

「うわーっ」と叫んで、雪の中、転びそうになるのも構わずに、一目散でダダダダダッと逃げました。

風鈴の音、後ろからついてくるんだよねぇ、チリーン……って。いつまでも、角を曲がってもついてくる、家の前まで行ってもついてくる。で、後ろ手でバンッと家の戸を閉めて、鍵《かぎ》かけて。……それ以上はついてこなかったんですけどね。

実は私、次の日に、友達と鎌倉《かまくら》の井戸を見に行く約束をしてたのね。それで部屋に落ち着いてから、どうしよう、なんだか嫌だよなぁって。

でも、変なモノを見たから予定を取りやめるっていうのも、なんだしなって悩んでいたら、一緒に行く予定だった人から電話がかかってきてさ。「嫌な夢を見た。井戸の中から、女が出てくる夢を見た」って。そういうことならって、私も事情を話して、「じゃあ、明日はやめよう」って。

首にまつわる話

首で、思い出す話がもうひとつある。これは評論家の東雅夫《ひがしまさお》さんも、関わっている話なんだけど。

山梨に、南朝の護良親王《もりながしんのう》の首を御神体にしている神社があるんです。

私、あの辺を調べていたときに、たまたま縁があって、そこに行って、御神体の話を聞いたのね。それで、「これは、面白いや」と思って、東さんとか他の人に喋《しゃべ》ったの。

東さん、『ムー』で伝説紀行みたいなのを書いているでしょ。で、彼は雑誌に取り上げるし、他の人経由でテレビでも放映されちゃったりして、ちょっとマズかったかなって思うほど、マスコミに露出してしまった。

それでね、東さんが現地に取材に行ったとき、気を利かせて、そのときに撮った御神体の――つまり首の写真を焼き増しして、私にくれたわけですよ。

御神体だから、怖いと言っちゃ失礼なのかもしれないけど、正直、首じゃん。まぁ、普通に持っていられる写真じゃない。だから一応、綺麗な紙に包んで、高いところに置いて納めておいたんだけどさぁ。

その晩以来、夜な夜な写真の方から、歩いてくる足音が聞こえるようになっちゃって……。

男の人が歩いてくる足音。その部屋は畳なんですね。ミシッミシッて、かなり重い体重だなっていうのまでわかるんです。で、途中でフェイドアウトしていく。

私の部屋は二間続きで、写真は隣の部屋に置いておいたんだけどさ。私の寝ている部屋に毎晩毎晩、近づいてる。昨日が三歩だったら、今日は四歩に増えているみたいな……。走行距離が延びてます、って感じになって（笑）、こりゃ堪《たま》らん、と。やっぱり神社の御神体なわけだし、普通の家に置いては、マズいんでしょうね。それで、神社宛に手紙を書いた。

「このようなものを御縁があって頂きましたけど、やはり御神体ですので、みだりに人家に置いておくものではないと思います。お返し申し上げますので、よろしくお願いいたします」って、パーンと写真を送り返しちゃった。

以来、足音は消えました。

後々、東さんが「あの写真どうした」って訊いてきたから、「返したよ」って、事情を話したら、

「オレは、オレは……？」

「好きにすれば」と（笑）。

御神体は、護良親王って呼ばれる人の骸骨《がいこつ》の上に、能面の技法を使って復顔してあるの。一応、護良親王と年齢とかは合うみたいで、本物と見てもいいみたい。興味をそそる首なのは、確かなんですよ。伝奇的な話になるけど、神社は現在地に来る以前、向かいの山の上にあったんだって。そこから里に遷座《せんざ》（神の御座所を移すこと）したとき、件《くだん》の首が見つかった。木の箱に納められて、木の根っ子に埋められていた、と。

そこに首を埋めたという伝説は、元々あったらしいんだよね。それで、木の根に包まれている箱を掘り出して、御神体としたんですって。

今はガラスケースに納められているんだけどね。ケースに納められたのは、昭和五十年代に学術調査が入ってから。最初は木の箱の中に朱《しゅ》……丹《に》だよね、水銀朱がぎっちり詰まっていて、その中に首が納められていた。

護良親王には、片目を竹の節で突いて失ったという伝説があるんだけど、復顔した首もまた、片目だけに義眼を塡《は》めて、片目は空のまんまにしてあるの。その上、頭骨

に金箔《きんぱく》を貼って、頭に梵字《ぼんじ》が書いてある。

正直、これ、真言立川流のやり方なんだよね。なんといっても、南朝だしさ。お膳立ては全部、揃っているわけ。

で、そんな恐ろしい首を学術調査して、朱から出して、ガラスケースに入れて、御神体として祀《まつ》ってあったのを、写真に撮って送ってくる人がいて……。なんてことすんねん！（笑）

＊

三津田　復顔って最初からしてあったんだ。
加門　うん、時代考証的には、徳川幕府が成立した時期。
三津田　封印してあったのにね。
加門　朱、特に水銀朱というのは、呪術《じゆじゆつ》的に非常に有効な素材だと言われていて、内部の干渉、外部の干渉を封じるのに使うと言われているものなんだよね。
三津田　どうして山梨の寺にあるの。
加門　鎌倉街道が通じてるんですよ。護良親王は鎌倉で首を斬られちゃうんだけど、伝説では、雛鶴姫《ひなづるひめ》というお姫様が、その首を持って街道を逃げたと。お姫様は妊娠していて、この土地で赤ん坊を産んだといわれている。雛鶴姫の墓と親王の息子の墓も、神社のすぐ側にあるんです。

三津田　そういう歴史的なものでなくても、実際のモノに絡んだ話で何かありますか。

加門　まぁ、人形はね。

三津田　人形かぁ……ついに出たか。

加門　人形にまつわる話は多いよね。

人形にもよりますが、私は人形は嫌いではないです。うちには今、三体の市松さんがいるんですよ。明治、大正、昭和に作られたやつ。

それ自体、自然に集まってきたって感じの人形で、それぞれ暗い過去を背負っているの（笑）。

一体は、他人が一旦、買ってから、店に戻した出戻り娘。一体は、捨てられるところを私が拾って。もう一体は、明治に作られたにも拘《かか》わらず、一度も人に渡らずにデッドストック状態になっていた人形。そういうのを買ったり貰《もら》ったり。

その、三体目のデッドストックちゃんが来る前の話。人形が二体並んだとき、私、もう一体欲しいなと思って、いわゆる骨董《こっとう》屋を探したんです。

それで、そこで見つけた一体を、こいつでいいのかなぁと半分、迷いながらも買っちゃった。ところが、その人形を母がすごく嫌ってさ。「可愛くない、可愛くない」って。

「せっかく来たんだから、そんなこと言ったら可哀相やん」と、私は庇《かば》ってみたものの、そいつが夜中になると、ゴトゴトいうわけだ（笑）。

それればかりか、夢の中で訴えかけてくるんだよね。具体的な台詞《せりふ》は忘れちゃったけど、

「私はここにはいたくない。他に行くべきところがあるんだ」みたいなことを。

毎晩、言い募《つの》るようになっちゃって。結局、しょうがないから、買った店に行って、事情を話して引き取ってもらったことがある。

三津田　その人形は、そこからどこに行ったかはわからない？

加門　うん、店側も「あぁ、そういう話ってよくあるんですよ」っていう感じで、あっさり引き取ってくれたしね。

三津田　古道具は買いたくないなぁ。

加門　モノによる。すごくいいモノもあるしね。

私は元々アンティークは好きだし、幸いにして、悪い因縁のあるモノは避けられるくらいの勘は持ってるし。

骨董って面白いんですよ。私が思い描いていたのと、そっくりなモノが出てきたりするの。たまたま時間があって、辺りを見渡して、「おぉ、あそこ骨董屋じ

ゃん」って入ったら、まるで自分の想像を現実にしたようなモノが出てきたり。

そういうのも因縁と言えば、因縁なのかもしれないけどね。

小ネタばっかりで恐縮だけど、故人の思いが残っているモノとかも、場合によっては面白い。時々、他人からアンティーク見せられて、「これ、どう？」って訊《き》かれるんだけど、一回、突然、イタコ状態になっちゃってね。

「これ、西洋で作られたものでしょう」

「うん。そうそう、西洋アンティークなの」

「どこか、北の方の国のもの。日本に来る前は、花柄のブラウス着た、結構上品な感じの恰幅《かっぷく》のいいオバサンが持ってたね。すごく大切にしていてさ」って、ダラダラ喋り始めてしまった。後で考えると、「なんであんなこと言ったのかな」って思うんだけど。

三津田　それは悪いモノじゃないんだ。

加門　うん、悪いモノじゃない。

三津田　因縁と言っても、悪い因縁だけじゃなく、いい因縁もある？

加門　当然。だから、「すごく大切にしていたから、大事にしてあげてね」って、言った。

ちなみに、骨董すべてに因縁があるわけでもないんですよ。何十年経っても、ただの生活雑貨のまま存在しているモノも沢山ある。
　でも、「骨董好きでしょ」とか言って、半端な骨董を貰ったときは……。ひとつ、今だに紙に包んで、引き出しの奥に入れてある。何考えたんだか、櫛《くし》をくれた人がいてさ。
三津田　うわぁ、それは嫌だね。
加門　もうねぇ、駄目、あれは。捨てることもできない。
三津田　どこかで供養してもらえば？
加門　うーん、動かしたくないんだよね。そのまんま……。
　その櫛、細工は綺麗《きれい》だったりするわけよ。だけど、貰った途端にうわって鳥肌立っちゃって。だけど、古いモノだと半端に処分もできないから、綺麗に白い紙で包んでさ、「ちょっとお塩でも振りますか」とか言いながら、奥に仕舞って、そのまんま。
三津田　橘外男《たちばなそとお》の『蒲団』じゃないけど、身に着けるものを骨董で選ぶというのは、ちょっと……。
加門　だからアクセサリーなんて、よっぽど選ばないと怖いよ。
三津田　特にアクセサリーというのは女性のものだし、貰ったり贈ったりして色恋にも関わってくるしね。

加門　手放したくて手放しているとは、限らないから。故人になって流出したものもあれば、事情があって、渋々手放すものというのもあるわけだから。執着の残っているモノもある。

まぁ。ともかく、そういう感じだから、骨董で怖い話というのは、私の中では、あの人形くらいかなぁ。

三津田　例によって、友達絡みの話で、人形が関わるものってないの。

加門　『文藝百物語』で話したヤツとかはあるんだけどね。友達は、基本的に骨董嫌いな人が多いね。皆、手を出さない。

＊

骨董絡み二話と石の話

そうそう、骨董といえば。悪い話なんだかいい話なんだか、わからないんだけど、我が家に変な香炉がある。

前々から家に香炉はあるんだけど……日頃、よくお香を炷《た》かざるを得ない家なんで（笑）。あるとき、もっとちゃんとした香炉が欲しくなったのね。つまり、ヤバいときに、バチッと効力を発揮してくれるような香炉が。

で、デザインも、ある程度、呪術的に意味のある香炉が欲しいなぁと、暫《しばら》く探して歩いたんです。

もちろん、龍《りゅう》とか獅子《しし》とか、その手のデザインの香炉は多い。けど、そういうのって不思議なもんでさ、デザインがちゃんとしていても、使えないモノっていうのも多いんですよ。まぁ、感覚的な問題なんでしょうけど。

ともかく、しゃかりきに探すわけでもなく、折りにふれ、目に留まった店を流し歩いていたわけです。

それで、ある日あるとき高野《こうや》山に行った。高野山の中って、数軒、骨董屋があるのね。ボッタクリというのは知ってたんだけど、一軒の店に、「おやっ」て思う、白磁《はくじ》の香炉があったんです。

香を逃がす穴が、八卦《はっけ》の形に開いててさ。獅子が乗っている香炉。結構、とろりとした感じの白磁で。

これだよって思って、店に入った。もちろん、高いこと言われたんだけど、そのときは、高野山に三日逗留《とうりゅう》する予定だったんで、「明日来る」とか言って、翌日行っては「まからんか」。また次の日にも「まからんか」。散々やって、半値まで。……大阪人か、私は（笑）。で、買って帰ってきたんです。

家に持ち帰ってから綺麗に洗って、新しい灰を引いてあげてね。こういうのは、最初が肝心要《かんじんかなめ》よねって暦を見たら、たまたまそのとき、新月だった。そういう意味での験担《げんかつ》ぎもできていると思って、火を点《つ》けました。

そのときは、なんともなかったわけだけど。

その晩から、さっきの護良親王の話じゃないけど、家の中、お坊さんが徘徊《はいかい》するようになっちゃったの。

どうも、香炉の元の持ち主だったらしいんだよね。で、この坊さん、なんだろうな、いいんだか悪いんだかわかんないな、と。顔が見えなくてね、黒衣の裾《すそ》と真っ白い足袋《たび》しか見えないお坊さん。それで、お友達の霊能者に「ちょっと見てよ」って、香炉を見せたら、

「あぁ、すごいの手に入れたね。これ、マジで呪術《じゅじゅつ》に使っていた香炉だよ。この香炉、プライド高いから気を付けて扱って」って言われた。

「その坊さんは」って訊いたら、「そのうち、香炉が馴染《なじ》めば消える」ってさ。

言われたとおり、暫くお坊さんは徘徊してたけど、放っておいたら、いなくなっちゃった。

それでまた、あるとき、その香炉を点けようと思ったのね。で、火を点けてから気づいたら、今度は満月だったんです。なんとなく面白いなと思ったんだけど、そのと

きも別に何もなかったし、私も取り立てて気にしなかった。

ところがね。それから何回か香を炷こうとしても、思ったように点かないの。

蓋《ふた》付きの香炉だから、香を入れて蓋をして燻《くゆ》らせて……香木自体は見えないよね。こっちは点いたと思って蓋するのに、後で蓋を開けてみると、香木がそのまま残っている。結局、色々試した結果、満月と新月以外、燃えやしない。満月と新月には、ほんと、綺麗に点くんだけどさ。

結局、わが家ではイマイチ、活躍し損《そこ》ねているんですね。

＊

三津田　まだ坊さんいるの？
加門　お坊さん自体の気配は、もう消えた。
三津田　そういう使われ方をしていたのか。
加門　うん。だから満月と新月の祈禱《きとう》のときに、使う香炉だったのかもしれないね。
三津田　ということは真言密教。
加門　そう。骨董《こっとう》屋も、「高野山のお坊さんから出たものですよ」と言っていたから。なかなか味のある香炉だけどね、そういうわけで暦を見ないと点かない。

使いづらいですわ。
三津田　確かに、いいのか悪いのか、よくわからんな。
加門　うん。あ、骨董絡みで、もうひとつ思い出した。これも、怖いというのとは違うんだけど、モノは古代の勾玉《まがたま》なの。

＊

この勾玉は京都で買ったんです。京都って、新門前《しんもんぜん》通りっていう有名な骨董屋街があるでしょう。京都にいて暇があるときは、必ずそこに行くんですよ。そのときも、四日くらい泊まる予定のうち、初日に暇があったんで、骨董街をブラブラ流し歩いた。そうしたら、小さな店の一角に勾玉がひとつ置いてあって、それ、一目で気に入ったのね。

値段訊いたら、高いのよ。でも、これだけの大きさで、これだけ綺麗な勾玉だったら、負けろって言っても限度があるよなぁ、と思いながら、手に取って。

だけど、その日、私はすごい寝不足で頭が朦朧《もうろう》としていたの。だから、善し悪しを見る勘が丸っきり働かなくってね、取り敢《あ》えず置いて帰ったんです。

でも、どうしても気になるもんだから、最終日にもう一回、店に行って、また、勾玉を手に取った。そこで一生懸命、いいのか悪いのか見極めようと思うんだけど、そのときも、また眠いのよ。全然、勘が働かない。旅の終わりだから疲れているんだなぁと、思ってね。

しょうがないや。ともかく惹《ひ》かれるんだけど、わからないんだからやめておこうと、東京に帰ってきちゃったんです。

そうしたら、偶然といえば偶然。急に京都に取材に行ってくれという話が入った。編集者同行で行ったのち、向こうで現地解散してさ。私はやっぱり気になるんで、もう一回、その骨董屋を訪ねたんです。

ところが、勾玉を手に取った瞬間、またまたフゥッと眠くなる。それで、もういいや。気になるんだから、買っちゃえ、と。

店の人も、東京から三度も来た客ということで、私のことを覚えててくれてね。「安くしてあげるよ」って話になって、値段的な折り合いもついた。

それで、持って帰ってきて。疲れも取れて、改めて、この勾玉ちゃん可愛いかしらと、手に取ったら……またまた眠くなるんだよね。

というわけで、今、それは私の安眠グッズとして、活躍しているわけなんです。それだけです（笑）。

で、なんで眠くなるのかという話になるんだけど。

後で知り合いの骨董屋に鑑定してもらったら、その勾玉、正真正銘の日本産の翡翠《ひすい》で、造りもパチモンじゃない。古代の技法で造られている良い勾玉である、という話になってね。ということは、当然、これは棺の中に納められていたもので、当時の呪《まじな》い師なんかがマジナイをかけているんじゃなかろうか、と。

つまり、この勾玉は死者の安眠のための術が、まだ活《い》きているんじゃないのかなって。安らかにお眠りくださいということで、それで眠くなっちゃうんじゃないのかなって思ったね。考えようによっては、怖いブツよね（笑）。

エジプトの石もそうだったけど、石絡みでは結構、不思議な話がある。

あれは確か、暇づぶしにデパートの屋上に行ったとき。ああいうところって、植木と一緒に盆石とか売ってたりするでしょ。そんなのを見ているうちに、ひとつ、気になる石を見つけて。

知ってて売っているんだか、知らずに売っているんだかわからないけど、石の中に虎のような獣の顔がくっきり、浮かび上がっていたんです。少なくとも、私にはそう見えた。そこで、この石、虎石じゃんと思って買ったわけだ。二千円。

ところが、買って日が経つにつれ、その石が気持ち悪くて気持ち悪くて、仕方なくなってきちゃってね。何がどうってわけじゃないんだけど、家の中に置いておく石じゃないように思えてきた。

でも、道端に放り捨てるわけにはいかない気がしてさ。一応、そんな形が浮かび上がっているわけだし、意味もありそうな感じだし。大体、そんな石、町中にボンって捨てたら目立つわけだし。どうしようかなぁと思って。

　それで、神社に行ったのね。神社だったら、ああいう石が置いてあっても不自然じゃないし、納めるという意味でもいいわけじゃない。それでお社《やしろ》の脇に石を置いて鞄《かばん》を置いて、「よろしくお願いしますわ」って。

　そのまま帰ったんだけど、参道から出た途端、鞄忘れているのに気がついて、慌てて戻っていったらさ。石、ないの。鞄はあるのに。

＊

三津田　鞄の中に入っていたとか……（笑）。
加門　うわぁ。……なかったけど。
三津田　入ってたら、怖いね。
加門　入ってたら、怖いよねぇ。
三津田　それじゃ一応、浄化されたのかな。
加門　ヨガの行者さんに話したら、「あるよ、そういうこと」ってひと言で片付けられたけど（笑）。
三津田　かなり前にテレビのニュースで見た記憶があるけど、ある河原の石という石のすべてに、目が描いてあったと。それも付近の住民の証言から、どうも一晩でそれが成されたらしい。でも、大きな石から小さな石まで、すべての石に目を一晩で描くなんて、かなり組織的にやらないとできないはずなんだけど、そんな大勢がそんなことやっていたら誰かが気づいていたはずだと。

加門　へぇ、それすごいね。

三津田　愉快犯なんだろうけど、それにしては徹底しているし、実行が不可能に近い。

加門　気持ち悪いね。どういう意図でそういうことをやったのかね。ある意味、パラノイアチックだし。

でも、石に惹かれる気持ちって、私、すごく理解できるな。

どんな石でも、私達より長く生きているんだし。侮《あなど》れる存在じゃないんだよね。

＊

第三夜　根津のとある旅館の一室にて

第二夜の後に……

＊

三津田　さて、いよいよ最終夜、第三夜ということで……。
加門　第四夜ですよ。
三津田　いやぁ、あれは本当に怖かったですね。読者の方には何のことかわからないでしょうが、実に、第三夜の収録分が全くMDに入っていなかったというハプニングがありまして……（単に私の操作ミスだという声もありますが……）。
東　そういうことって、あるよな（遠い目）。
三津田　それで今夜は改めて第三夜（本当の最終夜）を行うということで、特別に豪華なゲストをお招きしました。文芸評論家でアンソロジストで『幻想文学』（1982―2003）編集長の東雅夫さんです。
加門　パチパチ（拍手）よろしくお願いします。
東　首の写真を焼き増しして加門さんに送りつけたヒガシです。情報提供者だし、ディティールにこだわってたみたいだから御礼の気持ちでお送りしたんですが、いやあ世の中、何があるか分かりませんねえ（笑）。ちなみにあの取材のときは、雛鶴姫様のお社に近づいた途端、カメラのシャッターが下りなくなって弱りました。しかも、そこを離れたら正常に作動するようになってね……。
三津田　もしかすると、写真を送った相手が悪かったとか（笑）。いや……えーっ、では早速ですが、第二夜の帰りに何かあったかという話は？
加門　あぁ、額縁が吹っ飛んだという話ね。
東　が、額縁ぃ!?
加門　帰り道は大丈夫だったんだけど、家に帰ってきたら、自室の、絶対落ちない額縁が落っこちてきた。なぜそれが絶対に落ちないかというと、額自体、高い位置にべたっと貼り付けてあって、その手前の棚の上には最早、額縁が見えないくらい本が横積みになってるの。その本は一冊も落ちてないのに……なぜ、額縁だけが落ちてくる？
東　本棚の手前に落っこちたわけ？
加門　そう。
東　ふ～ん、その額縁に入れてあったものに、何か因縁でも……。
加門　額縁に入っていたのは普通のもの。我が家は神仏関係のグッズが多いんだけど、額に入っていたのはただの風景写真。単に気に入って掛けていただけなんだよね。それが落っこっちゃいました。額縁は壊れたけど、幸いガラスは割れなかった。

背中を向けてたら、ガタンって。「まったく、帰ってすぐにこれだよ」って掃除して。

騒ぐんだよね、結局、こういうことやるとね。

*

まずは旅館の話から

*

加門　今日は、ここの旅館の話からしたいなぁ（笑）。

東　いいですね。このところあまりナマの怪談に触れる機会が少なかったので、今夜はとても愉《たの》しみにしてきたんですよ。

三津田　じゃあ、旅館の話から。あっ、あれ出しておこう（以前に加門さんから貰《もら》った般若心経《はんにゃしんぎょう》を出す）。

加門　あの般若心経、持ってきたんだ。
東　さっき旅館の玄関で、加門さんがなかなか上がろうとしなかったのは、やっぱり何かあるわけ？
加門　うん。旅館のオバサンが「どうぞ、お上がりください」って言うのを待っていたんだ。こういう場所に来たら、なるべくセオリーに則《のっと》ってやったほうがいい。細かい気の遣い方が、ひとつのポイントね。しかし、いい旅館だよねぇ。
三津田　なんだって？
加門　いい旅館を選ぶよね、って言ったの（笑）。まぁ、いないわけはない。
東　第一印象としては？
加門　動物……。
東　それはこの旅館全体に関わっているの？
加門　ここにいるね。
東　この部屋？
加門　ううん、ここ。
東　この土地に。
加門　うん、獣臭いじゃん、ここの宿。
三津田　わからん。

東　わからないねぇ。

加門　まぁ、ここにいるのは、なんだかね……犬？　狐じゃないな。狸とか、そういう感じのもんだよな。受付のオバサンも、ちょっと掛かっているよね。影響を受けているって感じ。

東　それで耳が遠いのか！

加門　関係ないと思うけど（笑）。

三津田　この前、一回目の第三夜の宿は何もなかったよね。

加門　そりゃあ、私が下見までして選んだ宿ですもの（笑）。

そういう勘は利くようになってきてる。でも、旅行中はそこしか空いていないということもあるし、野中の一軒家だと選びようもないでしょう。そういうときは、さてと……となって。

三津田　それでこれまでの話でも、朝まで起きていたというのがあるでしょ。そうしていると一応は大丈夫なの？　寝ると来るというのは、無防備になるから。

加門　無防備になるからだと思うよ。

東　電気を点《つ》けるか消すか、というのは関係あるの？

加門　電気は……私は寝るときは消して寝る。いようがいまいが、点いてる電気が消えるほうが怖いもん。

東　そういう可能性も大いにありえる、と。
加門　急にチカチカッとして、フッと消えちゃったら、ギャーッてなるでしょ。
三津田　確かにそうだけど、逆って怖いかな。
加門　消えていたのがパッと点く？　確かにテレビとかが、いきなり点くと怖いなぁ。
三津田　それは嫌だ。

＊

奈良県の三輪山《みわやま》の参道の中には結構、民宿があるんだよね。売店の振りしてるけど、その奥って泊まれるんですよ。あそこに泊まったときとかも、夜、結構、うるさくて。勘が働いたんでしょう。夜、一緒に泊まっていた連中といきなり寝ながらしりとりを始めた。しりとりって、魔除《まよ》けになるんだよ。

結局、「ん」で終わるまで、ずうっと続いていくじゃない。終わりのないものや図形って、あの手のモノは入れない。回文《かいぶん》とかも、呪術《じゅじゅつ》的な意味があると言われてるでしょ。それと同じで、しりとりも延々続いていく。だから、やっている間は出てこないのよ。

途中でそれに気がついて。なるほど、防衛本能だなって思いながらも、そのうち眠くなってやめたわけだ。そうしたら。

神社の中って清浄なように思われるけど、結構いるんだよね、質の善し悪しはともかく。

で、そのときは最初、すごく体重のある奴が縁側をミシッミシッ、って歩いてきて。

「相撲取りが来たよ」と笑ってたのね。

他の人たちにも聞こえてたんだよね。そうしたら次に、隣の部屋は空き部屋だったんだけど、そこをパタパタパタパタパタパタ。どう考えても誰かが夜中にハタキをかけているとしか思えない音がし始めた。お化けというより妖怪《ようかい》だよね。あんまりうるさいので一回起きて、「ちょっと、夜中の神社にでも行くか」って、三輪神社にお参りしてきた。

後で、同じ境内に泊まった人から聞いたんだけど、三輪山の参道の中の民宿は、害のないものだけど必ず出るってさ。でも、神社から少し離れたところにある普通の宿、ああいうところのほうが怖いのが出る――と。仰るとおりだと思ったね。

前にやっぱり、三輪山の近くに宿を取ったときがあったの。そのときは大鳥居からちょっと離れた、普通の和風旅館に泊まったんだけどさ。

夜中、トイレに行こうと廊下に出たら、向こうに女の人が立っていて。そいつ、のっぺらぼうなんだわ。真っ白くて、目鼻立ちのわからぬ女じゃと思って……。

洋服を着た痩《や》せ形の背の高い、スラッとした感じの人。廊下をすうっと曲がるような感じで、消えちゃった。で、トイレに行って帰ってきて、「女がいたよ」って言ったら、そのときは勘のいい連中と一緒だったから、全員で「やっぱり、いたか」と。

宿自体、結構、不愉快でね。旅館の女主人の態度が非常に悪かったのを覚えている。こっちは客なのに、なんでこんなに突《つ》っ慳貪《けんどん》な態度を取られなくちゃならないんだ、みたいな。それに加えて、女が徘徊《はいかい》してたりするもんだから、「主人も悪いけど、宿も悪い」って、同行していた連中がプンプン怒って。

旅館の人の態度が悪いというのは、現実的な事情以外にも、何かあるのかもしれないね。今いる宿のオバサンじゃないけど、結局、影響って受けちゃうのかも。悪い場所にいれば悪い影響が出てくるだろうし。操られる可能性というのもある。泊めたくない人間とか、マズい部分を暴かれがちな人間に対しては、そういうわけで態度悪く出てきたりするときもあるんじゃない？

自称霊能者

以前、本当に取り憑《つ》かれている人っていうのを見たことがある。

場所は高野山。あそこ、一般信者向けの合宿みたいなのをやってるの。お坊さんの話を聞いたり、夜に奥の院に参拝したり。私、それに参加したことがあったのね。

そうしたら、普通の信者さんに交じって、小さい新興宗教の教祖みたいな人が結構、参加していてさ。

合宿自体は二泊三日の素人向け研修なんだけど、終わると、簡単な免状みたいなものが貰えるのよ。ほら、そういうのって利用しようと思えば、できるじゃない。事情を知らない人に対して「高野山で免状も貰った」なんて言うと結構、箔《はく》付くし。そういうこともあるんじゃない？　全部が全部とは言わないけれど、胡散臭《うさんくさ》い小教団の教祖みたいな人達もいた。

で、そのとき、私、ひとりの女の子と知り合って、結構仲良くなったのね。それで、よく一緒に喋《しゃべ》ってて。ところが二日目の夕方になったら、その子、泣きそうな顔をして私のところに来るわけよ。

「どうしたの」って訊《たず》ねたら、霊能力があるって女から、「すごく悪い悪霊が憑いている」と言われちゃった、と。聞いた途端《とたん》、カチンときてね。

「どこのどいつだ、そんなことを言う奴は」って怒ったら、「あの人」って、一緒に合宿している中のひとりを指差した。

「あんな貧相な女。近づかなきゃいいじゃん。気にしなくていいよ」って、そのときは言った。けど、私といるときは寄ってこないのに、その子がひとりになるとコソコソっとやって来て、「あんた、悪霊憑いてる」って。
二、三回繰り返されてね。その子もそういうところへ研修に来る子だからさぁ、霊とか信じているわけだよね。だから、霊感あるとか言ってる人から、そんなことを言われたら怖いじゃない。もう半ベソかいて、青ざめちゃって。
「どうしたの、また言われたの」

「うん。言われた」

「おかしいね。私が一緒にいるときは来ないのに」って。

それで暫《しばら》く離れないようにしてたんだけど、何かの授業が終わって外に出たとき、その子がちょっと離れていったら、また、その女がすうっと近づいてきて。

この野郎と思って、睨《にら》んだ瞬間、その女の頭の上に真っ黒い、萎《しな》びたような男の頭がグルグル回っているのが見えた。人の頭と同じくらいの大きさだったね。でも、真っ黒い煙みたいなもので出来てる感じ。

見た途端、これはマズいと思ってさ。私、その黒い頭を見たまんま、ズカズカって女のところへ寄っていったの。そうしたらその女が——私は目は合ってないでしょ——なのに、あからさまにすごく怯《おび》えて、ダダッと後ろ向きに逃げて、転んじゃった。

よっしゃ、勝った！　って思ったね（笑）。

男の頭もその瞬間に消えちゃったんで、私は結局、当人には何も言わずに終えてしまった。一応、女をチラッと睨んで、その子を引っ張って連れて帰って。

女は二度と、こっちに近づいてこなかったけど。

ああいう、悪いモノに取り憑かれて、霊云々と言って歩く奴っているんだな、と。

*

三津田　その女の人自体は、自称霊能者かなんか？

加門　うん、自称霊能者だよね。

東　それは何か目的があるのかな。操られているとして、加門さんの友達に近づいて来るのだとしても、そこから更に乗り移ろうという悪意があるわけ？

加門　そういうのは、わからない。まぁ、知り合った女の子自体、弱い感じだったから、なんでもかんでも信じちゃって。ある意味、自分のないタイプだった。そういうタイプに目星を付けて、ああいう奴は「悪霊が憑いている。お祓《はら》いをしてあげる」って付け込むんだよな。

私に真偽はわからないけど、自称霊能者に狸や狐が憑いているケースも多いって聞いてるし。その女も、そういう感じだったと思うけど。

三津田　憑いているから、霊能者を名乗る？

加門　ほら、よく狐とかに憑かれると勘が良くなるって言うじゃない。だから、そういうパターンなのでは。
三津田　考えたらそうか。元々名乗っていて憑かれたら、間抜けだわな。
加門　だからねぇ、霊能者もピンキリなんだよ。注意しないと怖いですよ。
三津田　テレビとかに出ている人のすべてがインチキとは言いませんが、よく名乗っているなと思う。
加門　まぁ、それが商売になるからね。
三津田　そうだけど。相手がテレビのヤラセでなくて本物だったら、自分に跳ね返ってくるわけでしょ。言葉の使い方は違うけど、ある意味勇気があるというか。
東　特に霊感のない人間が、商売で割り切ってやっていると、逆にそういう障《さわ》りもなかったりするんじゃないの。そういうもんでもないのか。
加門　うーん。やっぱり嘘でもさ、万が一当たって評判になって、人に頼られてきたりすると、本人、その気になるわけよ。そのときが一番怖いのね。
　怪談からは主旨外れるけど、何人か、そうやってマズいことになっちゃった人を知っている。ちょっと勘のいいだけの人が、例えば小説からなり、そういう世界に嵌《はま》っていって、あるとき突然、「自分には霊感がある」とか「安倍晴明が憑いている」とか（笑）、言い出すんだよね。で、そうなった途端に、ああ、もうこいつとは付き合えない、と。

三津田　そういう子たちって、「私、霊感あるの」って言い出したら、逆に憑かれてしまう危険性が出てくるということか。
加門　危険性はある。本人「見たい、感じたい」って思い続けるわけだから、すごく付け込まれやすくなるよね。

＊

絶世の美女の正体

以前、九州に取材に行ったのね。講談社の本の取材。結局、講談社では『環蛇銭《かんじゃせん》』という八百比丘尼《やおびくに》を素材にした本を出したんだけど、あれ、最初は菅原道真《すがわらのみちざね》をやるはずだったの。でも、私は「生前のミッちゃんは好みじゃないなぁ」って思って、やめちゃった（笑）。

ともあれ、当時は道真さんの取材ということで、太宰府《だざいふ》とかを回ってさ。

そのときは編集者が気を利かせて、教育委員会の人とかに根回ししてくれて。そういう人達が九州を案内してくれたわけ。でもまぁ、正直な話、教育委員会の人達の案内って、面白くない。地元として見せたいところしか見せないし、見せたくないところは隠すしね。

それで「乗らないなぁ」と思って地図を見てたら、××という山の上に鳥居のマークがあるのを見つけた。道真さんとは関係ない場所なんだけど、私は「そこに行きとうございます」と言ったんだ。ところが、地元の人達、答えないのよ。私の言ったことを、まるで聞いていなかったような振りをする。で、私は執拗《しつよう》に「あそこに行きたいんですけれど」って。すると「嫌だ」とは言わないんだけど、「いや、あそこは別に何にもないよ」って……。

よくあるんだけどさ、神社のある場所を指して「何もないよ」って言われること。普通は、その神社自体が観光地として相応《ふさわ》しくないという意味で使われる。それ自体、私としては非常に悲しいことなんだけど。でも、そのときは、ちょっと牽制《けんせい》されてる感じがしたんで「ふーん」てだけで、取り敢《あ》えず大人しく引っ込んだの。

それで、その晩、社家《しゃけ》の人――神社の氏子さんのお宅にお邪魔した。そこで地域の歴史とかを訊《き》いてたら、お茶を持って、ひとりのお嬢さんがやってきた。

襖《ふすま》をスッと開けて、「どうぞ」って、お茶を出してくれたんだけど。その人、ものっすごい美人なの！　正直、あそこまで綺麗《きれい》な人は見たことがない、ってほどの人なのよ。肌が透き通るくらい白くって、上品で清楚な感じで……。ちょっと古風な感じの、綺麗な人だった。それで、私はあまりの美しさに仰天して、じっと見ちゃった。

でも、彼女は人と目を合わせるのも恥ずかしいような、非常にシャイな感じで、お茶をスッと出してスッと行ってしまった。

社家の人達はまだ歴史の話をしてるんだけど、私の気持ちはそれどころじゃない（笑）。同性ながら、彼女の美貌《びぼう》に上の空になっちゃってね。話の途切れたときにすかさず、「あのぉ、さっき、お茶を出しにきた人、すごい美人でしたねぇ」って言ったら、「そうだろ」と。

「この家の娘さんですか」そう訊いたら、「いや、違う。ここに修行に来ているんだ」

修行なんて気になるでしょう。それで、そこを訊《たず》ねたら、

「あの人は、お稲荷《いなり》さんのお嫁さんになることが決まっている。だから、その修行のために……」って。

具体的にどんな修行をしてるのか、私は訊かなかったけど、そういう答えが返ってきた。

なんとも気になる話じゃない。だから詳しく事情を訊いたら、それだけの美人――鄙《ひな》にも稀《まれ》なというか、都会にも滅多にいない美人じゃん。すると当然ながら、言い寄る男は引きも切らず。彼女自身も恋人同士になったり、結婚の約束をした人までいた、と。

だけどね。そうなった相手の男が、全員死んじゃうんだって。

いいな、って、彼女が思うと死んじゃうと。あまりにそういうことが続くので、祈《き》禱《とう》師を呼んで見てもらったら、「この人は、お稲荷さんのお嫁さんになることが決まっているので、人間とは結婚できません」てさ。

彼女も運命を受け入れたらしく、そこで、その準備としての修行をしているという話。

結局、そのお稲荷さんって、私が行きたがっていた××という神社だったんだよね。彼女は、そこのお稲荷さんのお嫁さんというわけだったの。

でさ。そんなことを聞いた私は益々、××に行きたくなる。だから改めて翌日に「行きたいんだ」と我が儘《まま》言って。

飽くまでも、地元の人は渋るんだよね。そりゃ、人のお嫁さんを取るほどのお稲荷さんなら、普通、怖がるわな。その気持ちも理解できたから。

「じゃあ、下で待っていてください。私ひとりで行って、見るだけ見て帰って参ります」

そういうふうに言って納得させて。編集者も付いてこなかったので、私は本当にひとりで中に入っていった。

地図上、神社マークは山の上に付いていた。それだけのことはあって、道路沿いの鳥居から、暫《しば》く石段を上がっていく。そうしたら、なんてことはない。小さくて、どこでても見かけるような赤い鳥居のお社《やしろ》が見えて。まぁ、ちょっと願掛けの跡みたいなのがあるんだけど、なんで、皆ここを恐れるのかな、と思うような普通の神社なの。で、柏手《かしわで》を打って拝んで顔を上げたら、社の裏から猫が一匹、するん、と出てきた。白黒まだらで、可愛いわけだ。ちょっと特徴的な感じの、ブラックジャックみたいな斑点《はんてん》の入っている猫で。「おお。お前さん、可愛いじゃん」って撫《な》でようとしたんだけど、手を出すと、するんって身をかわしちゃう。

猫なんかには、そんな奴もいるからさ。で、撫でたいな、と思って見ていたら、その子、テッテッテッと社の脇を歩いていって、振り返って、じいっと私の方を見る。

私は猫が可愛かったから、近寄って「どうしたの」って訊いたらさ、またスッスッと数歩進んで、振り返る。そんなのを追いかけていったら、社の裏にもうひとつ、鳥居があるのが見えてきた。その鳥居の奥にまた、長い石段が続いていたんだな。

あれ、こっちが奥宮か、と。

猫は鳥居の奥を登っていって、また振り返って私を見ている。それで、猫の後を追うように、上に登っていったのよ。かなり細い石段をクネクネ登りながら……猫は振り返り、振り返りして、登っていく。

そうしたら、頂上に出てきたのが、物凄《ものすご》く広大な白い磐座《いわくら》。

普通、磐座って言ったら、大きな高い岩がガンガンと立っているじゃない。そうじゃなくて、巨大な一枚岩……って言い方は変なんだけど、私の丁度、首くらいのところまで岩が迫《せ》り上がっていて、そこから上は真っ平らで、向こうが見えないくらい、全部、岩。平たい一枚岩のように見せている岩の塊で。

あぁ、これが御神体なのか。猫に案内されたなぁ、って。

私はそこで単純に、すごいものを見たもんだ、と感心して帰ろうと思ったら、猫が磐座の上にひょいと乗る。乗って、テッテッテッと歩いて、またもクルッと振り向くの。

私、「これは御神体でしょ。御神体の上に私は乗れないよ」って猫に言ったんだけどねぇ。そいつ、私が来ないとなると引き返してきて、また人の顔を見て、また先に行って、振り向いて……何回もそれを繰り返して。もう、私を呼んでいるとしか思えない感じになっちゃって。

罰当たりだよなって、かなり迷ったんだけど、しょうがない。誰もいないし、猫も土足で乗っていることだし(笑)、取り敢えず乗るか、と。

まぁ、上に乗りました。本当に歩き甲斐《がい》のある広さがあって、雨だったら、さぞ滑るだろうと思うような、スルッとした岩、真っ平らな岩が続いているのね。その上を猫に先導されながら、私は歩いていく……というか、猫の後を付いていくしかないんだな。

で、そんなところを少し行ったら、猫が磐座の中に開いている穴みたいなところで止まってね、いきなり中にひょいと下りていってしまったの。

こんなところに、穴が？

なんだろうって覗《のぞ》いたら、穴が縦から横と「く」の字形に曲がっていて、奥にお社があったのよ。そここそが奥宮だったわけ。

ああ、本当に案内してくれたんだ、と。正直、感動しちゃったね。

で、お社の前に、猫が正座……というのは有り得ないんだけど、猫がきちんと座って、私の顔を見上げている。

「わかった。じゃ、拝むよ」って、隣で拝んで。チラッと薄目で猫を見やったら、なんと、猫の奴も頭下げて目を瞑《つむ》って、畏《かしこ》まってるんだよね。

やっぱり、ここ、人間のお嬢さんを欲しがるだけの力はあるんじゃないかな、って思った。

それで、暫くそこにいてから外に出た。猫は再び前に立って、今度は寄り道許さずって感じで、行った道を戻り始めた。結局、奥宮の鳥居の下まで送ってくれて、鳥居から外には、猫は出てこなかったよね。私はそのまま下に降りて。

待ってた人達に「どうでした」って訊かれたんだけど、そんな体験、編集者や教育委員会の人に話すことでもないからさ。「なかなか、面白かったです」とだけ言って、車に乗ったの。

その後、教育委員会の人達が見せたがっていた、どこかの神社に赴《おもむ》いたわけ。城跡に、領主を祀《まつ》った神社。実を言えば、私は全然、興味がなかったんだけど、お付き合いという形で行った。

車で二十分くらい走って神社に着いて、整備された石段を上っていったら、参道の脇に摂社としてお稲荷さんが祀られている。

そこの石垣の上にさぁ、さっきと同じ猫がいるのよ。

まさかと思ったんだけど、特徴のあるブラックジャック白黒ブチで。

ええ？　って、鳥居を見上げたら、その稲荷、なんと、××稲荷の分社だったのよ。

それで、猫はやっぱり人の顔を見て、「拝め」みたいな顔をする。

それで同行者に「ちょっと待って」って言って、拝んでね。目を開けたら、猫はテッテテッと去っていったという話。

＊

三津田　その女の人って何歳くらい。
加門　二十代後半くらい。いつまで修行するんだか、そののち、どうなるかわからないんだよね。

三津田　変な話、結婚式的な儀式かなんかやるのかな。
東　そこのお社というのは、無人なわけでしょ。
加門　無人。神主がいるわけでもない。
三津田　となると、その女性は生身の人なんだから、いくらお稲荷さんに嫁いだとしても人間として生活する場が必要になる。
東　確かにお稲荷さんって、地元の猫婆さんみたいな人がさ……。
加門　猫婆さん？
東　毎日、近所の公園に行っては、野良猫に餌をやっているお婆さんとか、よく見かけるじゃない。通称、猫婆さん。それと似たような感じで、家の近くのお稲荷さんのことを、すごく熱心にケアする人がいたりするでしょ。うちの実家（神奈川県横須賀市《よこすか》）の近所に、やっぱりお稲荷さんの祠《ほこら》があって、そういうお婆さんが熱心に世話をしていた。ちょっと挙動が怪しくてね、道を歩いていて急にパタッと立ち止まったり、タタタタと走り出したりするのよ。
加門　ああ。そういう人っているよね。
三津田　それじゃその女性も、そこである意味一生修行ということに。
加門　それで、お稲荷さんに通うなり、お祭りのとき何かやるなりして暮らしていくのかな。いやしかし、美しい人でした。

東　それと神社の猫とは、なにか関係があるの？　猫が、そういうお使いになって来ることってあるのかしらん。
加門　あるね、多いよ。猫もあるし、鳥もある。鴉《からす》とか鳩とか。田舎の方だと鳶《とんび》とか。今、狐って、そうそう出てくるものでもないし。
三津田　それだけでビビるわな。
加門　山犬だって、いないでしょ。だから、小さい子達が代わりを務めている気はするね。
三津田　犬はないの。
加門　普通の犬？　もちろん、あるよ。
三津田　でも、今はもう野良犬がいないからね。
加門　そういう場合、フリーランスとして、猫、鴉、鳩、鳶。神社を探して道に迷ったとき、鴉とかに訊《き》くとね……。
東　……（吐息）。
三津田　……（目を逸《そ》らす）。
加門　まぁいいや、この話は……。
東　うんうん、きっと教えてくれるんだよね、八咫烏《やたがらす》みたいに。
加門　フォローをありがとう（笑）。そうなんだよ。鴉とかに「どこそこに行きたい」って言って、飛んでいった方向を目差すとね、外れたことない。
三津田　鬼太郎《きたろう》みたいな奴。まあ鬼太郎は鴉の集団に、物理的に運んでもらうんだけど。
加門　でも、本当に教えてくれるよ。水木《みずき》しげる先生なら「そうそう」って言うかもしれない。訊いてみ。
三津田　うーん、訊いてみようかな。「先生、加門七海という作家がこんなことを言ってるんですが、本当でしょうか」って。

＊

九人の氏子と神主

次も神社がらみの怪談で。これはね、怪談というより、完全な祟《たた》り話。

もう実名で出してやりたいくらい、ムカついた話なんだけど。

但《ただ》し、これは幽霊にムカついたわけではなく、生きている人間が悪い。○○神社っていう神社。ほんとは実名で暴きたいんだけど、話を聞いた氏子さんの手前、ちょっとは遠慮しておくね。でも、わかる人にはわかるように話しておこう、っと（笑）。

えー、奈良の神社の中でも古いと言われている神社ですよ。『日本書紀』にも記されている。神武《じんむ》天皇が東征するときにも出てくるし、崇神《すじん》天皇の項にも出てくる。赤い盾《たて》と矛《ほこ》を八本ずつ、ここの神に納めろ、と。そういう話が『日本書紀』に記されているくらい古い神社。

私はそのとき、友達と一緒に天河《てんかわ》辨財天に行こうとしてて、東京の荻窪《おぎくぼ》駅で夜中の一時に待ち合わせをして、車で高速をぶっ飛ばして、朝の七時くらいに奈良に着いた。奈良から天川ってそんなに遠くないからね。

で、朝御飯を食べ終えて、再び道を走っていったら、○○神社の表示が見えたの。以前にも、行ったことがあって、結構、気持ち良かった記憶があったのよ。それで、「ちょっとあそこ寄らない?」って、誘って行くことにした。

ところが神社に着いたら、前と雰囲気が全然違う。○○神社っていう、赤く毒々しい看板が出ていて、鳥居も変な位置になっている。

鳥居の外側に、摂社がひとつ祀られているんだな。禊《みそぎ》のための神社で、要するに祓《はらい》戸神《どのかみ》を祀っている社。それで、その鳥居を入ったところに手水《ちょうず》がある。

見た途端、え、と思ったのね。この祀り方はおかしいって。

手水が手前にあるならOKなのよ。手を洗って、口を漱《すす》いで、その後に祓戸神様にお参りしてお祓《はら》いをして、本殿に進む。ちゃんとした神社の場合、それが普通のパターンだからさ。なのに、鳥居の外に祓戸神がいて、その後に手水が来るのって絶対、おかしい。順番が逆なんだよね。

前はこんなことなかったはず、と思いながら進んでいったら、つい最近、造営され直したらしいピカピカの神社が見えてきた。

あぁ、造り替えられたのか、と。

それは別に構わないのよ。神社の維持に氏子達が頑張るのは、悪いことではないからね。

でも、入っていったら、本殿の手前に荒れ地みたいなところがあって、そこに真新しい……まるで狂牛病の牛のような、出来の悪いブロンズ像の牛が置いてある。ちなみに○○神社と牛って、丸っきり、なんの関係もない。

なんか気持ちが悪いぞ、と思いながらも入っていったら、本殿自体、赤とかで塗りたくられていて、妙に安っぽい造りになっているんだな。

全然、神社らしくない。でも、ともかくお参りだけは済ませてね。辺りを見渡したら、本殿の脇に『水神はこちら』というような札が立っているのが見えた。

水神なんて、前はなかったよなぁ。

またも、首を傾げて脇道を入っていったら、『御神水が湧き出しています』と。

コンクリで造られた池から水が滔々《とうとう》と溢《あふ》れ出て、ザァザァ下水に流れ込んでいる。

確かに湧水なんだけど、やっぱり、つい最近、造った感じ。しかも脇の看板に、この水がいかに霊験あらたかかということを胡散臭《うさんくさ》い調子で書き立ててあって、石に龍の絵が彫ってあったり、お金を入れる場所や、ペットボトル販売所や……そんなものができている。

絶対に変だ。前は湧水なんてなかった。

それに神社というより寺、というか、死者を扱う場所のような感じがすると思ってさ。

一緒にいた人達は、他のところを回っていたので、私はその水のところで、なんだかすごく痛々しいな、と思いながら暫《しばら》くじっと立っていた。そうしたら、ひとりのお爺《じい》さんがヒョコッとやって来て。

「あんたら、どこから来たんや」と、ごく普通の質問から始まって、「この神社どう思う」って訊かれたわけだ。当然、地元の人に対して「ひでぇ」とも言いづらいから、「御神水とか、前はなかった気がしますけど」って答えたら「うん、最近やな。掘ったんや」と。

結局、ネタを明かすと、神社を建て替えるついでに氏子達が勝手なことをしたわけよ。元々、この神社の脇には小川があって、そこの水というのはある種、信仰を集めていた。氏子達はそれを知っていて、だったら、御神水として金を取って儲《もう》けようということになって、ボーリングして、小川の源から水をパイプで持ってきて……。

そればかりか、最初におかしいと言っていた祓戸神様。以前は牛の置かれている場所にあったんだって。でも、どういう理由だか、氏子達が「牛を置きたい」と言い出して、わざわざ三百万円もかけて、変な牛を造っちゃった。で、牛を飾る場所を空けるため、神様を退かして鳥居の外に出してしまった、と。

私はその話を聞いただけで、なんてことしやがるんだ、って怒っちゃってさ。そしたら、そのお爺さん、

「氏子代表いうんは、神主を別にしてな、十人いたんや」、そして「わしひとりやで、そんなんするのに反対したんは」

半分、自慢話と言えば自慢話みたいなことを言い出した。

「せやけど結局、残りの氏子代表の全員がな、こんなふうにしたら、もっと人が来るやろう考えて、今みたいな形になってしもうたんや」

「そうですか。それは残念でしたね」

「うん、でも、まぁええわ。残りの九人は全部駄目になってもうたから」って。

「駄目になった？」

「うん、駄目になってもうた」

お爺さんは「駄目になってもうた」と何度も言うわけ。あんまり繰り返すから「具

体的に、どういうことですか」と、訊いたらさ、

「ほとんど、死んだと思うてくれてええわ」

交通事故で死んじゃったり、急に癌《がん》が発見されてそのまんま逝《い》ってしまったり。そういうわけで、「今な、ちゃんとピンピンして動いてられんのは、氏子代表の中でわししかおらん」と。

「はぁ、そうですか」って、驚くやら対応に困るやら。曖昧《あいまい》な返事をしていたら、お爺さんはまた改めて、

「見てみ。神主もおらんやろ、ここ」

「見えないですね」

「あいつらも駄目になってもうたんや。神主は脳卒中かなんかで入院してな、奥さんは今、半身不随で、子供が交通事故や……もう、駄目やなここは。それで皆、慌ててな、今度、祭りをやろういう話になっとるけど、うもういくかどうか」

というようなことを話しながら帰っていってしまい……。怖いよね。

でも、祟るというのもわかるなと思った。お爺さんの話なんだけど、水を掘り出したことによって、社の木が全部、枯れ始めてるんだって。

確かに、社殿の前に大きな切株が幾つかあるんだよね。それに、言われて上を見上げたら、他の木々の木の葉がみんな、黄色くなっている。

まだ水を掘り当てて三ヶ月程なんだけど、結局、掘り出したことで地下水脈が枯渇したんでしょ。お社の中の木がどんどんどんどん枯れて、倒されていっているわけ。こりゃ、祟るわと。でも、私はそれを聞いてある意味、ここにはまだ神様はいるな、と考えたのね。祟るだけの根性が残っているなら、なんとかなる可能性もある。

＊

三津田　全部を元に戻せばということ。
加門　いや。元には戻らないよ、絶対に。ま、誠心誠意尽くして、三百年ぐらい経てばなんとか。
三津田　その爺さんも、ある意味すごいな。
加門　自慢話だからねぇ。
東　先日、『ムー』の龍神伝説紀行で長野から新潟を旅したとき、とある神社で、氏子総代のお爺さんに案内してもらったんだけど、これがやっぱりすごかった。色々と話を聞いていくうちに、「ここには、つい最近まで専任の宮司がいたけど、今はいないんだ」と言うから、「どうしてですか？」と訊《き》いたら、「交通事故で、一緒に乗っていたもうひとりの氏子総代もろとも死んでしまった」と。結構大きい神社なんだけど、隣接して由緒ある寺院があった跡地でね。かつての遺構を掘り返して整備しようとしている最中で、その辺を案内してもらいながら、「あそこの宮司の家では、実は息子も、この辺の土地に色々手を入れ出してから急におかしくなってな……」と、そりゃアナタ、祟りじゃないんすか、と突っ込みたくなるような話を、なんでもない世間話のように淡々とするんだよね。
加門　そうなの。世間話なのよ。
三津田　さっきの話は、神社はそこまで様変わりしたけど、爺さんはそれに反対していたから助かった、と。
加門　そういうわけだよね。その人はずっと○○神社を信仰していて、氏子代表にはなっているものの、今現在は引っ越しちゃって氏子の敷地内からは離れたんだって。でも、毎朝、車で通ってお参りしている、と。
三津田　そういうふうに神社が変わってしまっても、お参りするのはいいの？
加門　それは、その人の信仰の問題だから。私だったら、そういうふうに神社が変わってしまったら、「ごめんなさい」って言って、やめちゃうかも。
三津田　話自体もすごいけど、やっぱりその爺さんがなぁ。
加門　確かに、お爺さんが一番、私もインパクトがあった。「駄目になってもうた。駄目になってもうた」って言い続けて。最初は私も意味がわかんなくて……ていうか、詳しく訊いちゃいけない気がして、「そうですか」って曖昧な返事をしてたんだけど、訊いてくれと言わんばかりに同じ台詞《せりふ》を繰り返す。だから、「なんかあったんですか」って訊いたらさ。得々として話し始める。

三津田　ある意味その爺さん、憑《つ》かれているなぁ。

加門　お爺さん自体も、非常に不思議な感じがした。

東　三津田さんは、本当はそんなことなかったんじゃないかとか、爺さんの妄想だったんじゃないかとか、内心、思ってるんじゃないの？　ミステリー的にさ。

三津田　えぇ（笑）。そうなると小説のオチじゃないですか。いえいえ、そんなふうに思う前に、その爺さんが実は神様だったんじゃないかと……。

加門　はぁ？（笑）

東　わははは、それはまた随分と……。

三津田　帰りかけて加門さんが振り向くと、その爺さんはすうっと社の中へ消えていきました……とさ（笑）。

東　やれやれ。そういう話で、十人近くも氏子が次々死んだりしたら、我々の感覚では、すわ事件だ、とか思うんだけど、地元では「そういうもんだよねぇ」で……。

加門　それで終わっちゃうからね。でも、向こうにすれば、そういうことも日常の一環なんでしょう。悪いことをしたから障りが出る……まぁ、確かに常識だよ。

東　でも、そういう日常を捕まえて訊いていかないと、取材としては貴重な話を聞き逃すって場合はあるよね。
三津田　まぁ、ひとりひとりの死は事故であったり癌であったりと、原因は一応はっきりとわかっているから、それを殊更どうこう言うかどうかの問題でもあるし。
加門　それを祟りということに結び付けるかどうか、というだけの問題なわけじゃん。
三津田　でも、九人って……。
加門　ねぇ、十人中九人って、ちょっとねぇ。
三津田　しかもどうなの。そんなに長いスパンの出来事じゃないんでしょ。
加門　うん。だから、三ヶ月だよ。造り直してから。
東　嘘！
加門　ほんと。神社を造営し直して池を掘って、三ヶ月の間に木が枯れ、九人の氏子と宮司一家が全滅していくという、恐ろしい……。
三津田　早いね。早過ぎる。
加門　でしょ。○○の神様っていうのは、『日本書紀』の中でもわけがわからない神様なんだわ。一説には疫病神とも言われてるんだけど、○○神というのが何者なのか、未《いま》だ学会でも結論が出てない妙な神様。

そういう、わけのわかんなくってさ、取り敢《あ》えず怖そうなのをさ、人の都合で簡単に扱うから祟《たた》られるんだよ。

＊

珊瑚の祟り

この話は、私の友達のお姉さんが関わっている話なのね。そのお姉さんは、スキューバダイビングが趣味なんですよ。で、ダイバーの人って大体そうなんだけど、同じ島なり地域なりに愛着を持ってて、その地域ばっかり行くんだよね。その人も縁があって、某南の島に行き続けて、そこで友達ができた。

でもまぁ、同じダイバーショップに集まっている人達を友達と称しているだけで、プライベートで付き合うようなものでもない。その場にいるときだけ付き合う感じなんだけど。

その中に、非常にマナーの悪い夫婦がいたんだって。

ダイバーショップの人達とも、しょっちゅう揉《も》めるタイプなんだけど、あるとき、何を考えたのか、彼ら、海中から大きなテーブル珊瑚を採って帰ってきてしまったの。で、「土産に持って帰りたい」と。

でも、そんなの空港に持っていったら、一発で捕まるよね。それは彼らもわかっていたんで、行きつけの食堂のオバサンに頼んで、「この珊瑚を漂白剤に浸《つ》けてくれ」と。当然、珊瑚って生き物じゃん。漂白剤に浸ければ死んでしまうし、真っ白になってしまう。つまり、海岸に落ちてる珊瑚の死骸《しがい》と同じ状況になるわけよ。でも、そういう状態にすれば、「土産物として持って帰れる」と。

当然、皆は仰天したんだけど、採ってきちゃったものはどうしようもないし、オバサンも最初は「嫌だ」って言ってたんだけど、結局、強引にやらされる形になって、珊瑚は漂白されてしまった。

それで、彼らはそのテーブル珊瑚を幾つかに分けて、そのお姉さんにも無理矢理あげた。食堂のオバサンにも無理に分けた。いわば、共犯者にしたんだよね。それで一番、大きな部分を自分の家に持って帰った。

友人のお姉さんもまた、嫌だなぁと思いながらも珊瑚を持って帰ってきてしまいました。

ところが、暫《しばら》く経ったのち。

珊瑚を採ってきた当事者夫婦に、お姉さんは用事ができて。電話をしたら、なんと旦那が入院している。しかも、意識不明の植物状態になってる、と。

病状を言うならば、強度の潜水病なのね。スキューバには、飛行機に乗る何時間前からは潜ってはいけないとか、そういう決まりがあるんだけど、彼らはその決まりはちゃんと守っていた。にも拘《かか》わらず、家に帰ってきてから具合が悪くなって、意識が混濁状態になって、診断は強度の潜水病だ、と。

それを治すには——機械の名前は忘れたけど——減圧室みたいなものに入って、気圧を調節して徐々に徐々に回復させていくしか手がないの。けど、この夫婦、すごいド田舎に住んでてね。減圧室設備がある病院まで、飛行機じゃないと行けないんだと。でも、強度の潜水病で飛行機なんか乗れないでしょ。で、どうにもならない。

「どうして、そんな病気になっちゃったのかな」って、気にしていたら、今度はお姉さん自身、具合が悪くなってしまった。病院に行ったら、子宮癌だって。

その時点で友達から、私に電話がかかってきて。

「実はこれこれこういうことで、珊瑚を持ってきちゃってさ」って、話をされた。

「そういう言い方をするってことは、もう原因はわかってるんでしょ」

「どうしたらいいだろうか」と言うから、「どうしたい」と訊いたのね。

そうしたら、友達は「珊瑚が関わっていると、あんた（加門）も思うなら、なんとかしたい」と。

「でも、もう珊瑚は死んじゃったし、お姉さんも東京に帰ってきてるんでしょう。せいぜい、その珊瑚を現地に送り返して、供養してくれと頼むことしかできないんじゃない？」

「そうだよねぇ」

「ともかく、例の食堂のオバサンに連絡してみなよ」と言って、一旦、電話を切ったの。

お姉さんはすぐ、食堂に連絡したらしい。

そうしたら、オバサン、いません——交通事故。

その結果を聞いて、こりゃあ、マジでヤバいわ、と。

島で事情を知っている唯一の人がいないなら、送り返すことはできないわけよ。でも、お姉さんは完全に、祟りにリアリティを持っててね。自分の命の問題でもあるし、なんとしてもどうにかしたい。それで「現地に行ってもいい」と言ってくれた。

「じゃあ、現地に行って、その珊瑚を採ってきた海に沈めてきて」と、私はお姉さんに伝えたの。

「できれば、例の夫婦のところへも行って、話し辛《づら》いだろうけど事情を話して、珊瑚を取り返して、食堂のオバサンのもまとめて、全部、返して」と言って。

で、お姉さんはお見舞いの振りをして、意識不明になっている人のところに行った。

だけど結局、その夫婦は全然、そういうことに無頓着《むとんちゃく》だし、珊瑚は家に置いてあって、病院から自宅にわざわざ取りに行ってくれと言い出せる雰囲気でもなかったし……事情を話せずに帰ってきた、と。

聞いて、私は——そこが私の冷たいとこだけど、

「その夫婦は自業自得だから、もういいよ。お姉さんは島に行って、オバサンの珊瑚とふたつ、沈めておいで」って。

それで、彼女は珊瑚の、まぁ、死骸だよね、それを持って現地に飛んだわけ。オバサンは命に別状があるような事故でもなかったんで、事情を話して珊瑚を貰《もら》って、船に乗って、海に沈めて。

「ごめんなさい。許してください」と手を合わせて、陸に帰ってきた。

でも、せっかく島まで行ったから、彼女は潜りたいわけだ。子宮癌って言われちゃったから、もしかするともう、私は死んじゃうかもしれない。だから、もう一度潜ろうと、次の日、別のダイビングスポットに行って、潜ったの。

それで、海底まで潜っていったら、昨日とは全然違うスポットなのに、例の珊瑚がすぐ目の前にあるんだと。

お姉さん、かなり焦ってね。ギャーッて、海から上がってきて、

「なんであそこに珊瑚があるの。潮流も全然、違うのに。でも絶対、私が見たのはあ

の珊瑚だ」と。

——ま、この部分は帰ってきてから、私が聞いたんだけど。

「まだ、怨《うら》んでいるのかな」と訊《き》くから、

「発端はともかく、礼を尽くしたんだから、きっと大丈夫だよ」って言った。

それでね。お姉さん、また病院に検査に行ったら、子宮癌じゃなかったの。ただの子宮筋腫《きんしゅ》だったって。食堂のオバサンも、後遺症もないまま終わりました。

但し、潜水病に罹《かか》ってしまった、珊瑚を採った張本人はそのまんま。

＊

東　珊瑚の祟りって……そんな日常的にあるものなんかい。
加門　私は初めて聞いた。でも、あれは命の塊なわけじゃない。動物を大量虐殺するのと同じことだよね。
東　でも、そんなことといったらさ、我々も日常的に微生物を殺しているわけじゃないの。一体どれくらいの数値を超えると、祟りが発現するんだろう。
加門　そこらへんはわかんないね。それこそ木を一本伐《き》っただけでも、祟られることもあるわけだし。
三津田　虫もあるでしょ。

加門　うん、虫とかにもそういう話はある。だから、そこらへんの見極めっていうのは、私にはつかないな。
東　今の子供は一方的に虫を怖がって敬遠するみたいだけど、昔の悪ガキは、虫とか小動物を残酷なやり方で遊び半分に殺したりしたものじゃない。でも、それで祟《たた》られたという話はあんまり……。
加門　聞かないよね。
三津田　殺す側の意識の問題かもしれない。
東　確信犯だと駄目だけど、無邪気だと大丈夫とか。
三津田　その夫婦も無邪気だと言えばそうだけど、その裏には家に飾って自慢したいとか、そういう邪念があるよね。
加門　真実は、わかんないよね。内田百閒だっけ？　小説だけど、スッポン屋のオヤジが段々おかしくなっていく話があるよね。鰻《うなぎ》屋が鰻に祟られる話もある。逆に商売にしてても、そういう話が出てくるリアリティってあるわけだよなぁ。
酷《ひど》いことをしたって、平気な人は平気だし。
東　珊瑚だって、空港建設とかの開発事業で、それこそ大量に虐殺しちゃったりするわけじゃない？　それで役所の開発担当者が変死したとかそういう話は……まぁ、もしかしたらあるのかもしれないけど（笑）。

加門　あまり聞かない話だよね。ただまぁ、南の島っていうのは怖いですよ。

＊

オカルト事始め？

じゃあ、オカルト話の続きで。

第一夜、第二夜の話でわかるように、私はお祓《はら》いは絶対にしないし、マジナイもしません。そりゃ、仕事柄、術とかは山のように知っている。でも、現実には「ここで御札を書きましょう」とか「九字を切りましょう」とか絶対にしないわけね。大体、できるとも思ってないし。

なんでかというと、昔そういうことをして痛い目に遭っているからだ、という話なわけだ（笑）。

実際に手を出したのは、中学生くらいのとき。

小さい頃から、変なモノは見ていたよ。でも段々「怖い怖い」ばかりじゃなくて、見てるからこそ、そういう世界に興味を持ってきたわけよ。それで、ちょっと怪しいオマジナイの本とか、心霊研究の本とか読むようになって。やっぱり九字とか真言とか、色々書いてあるわけじゃない。

で、そんなのを読んでいた時期に、よく我が家で金縛りに遭ったのよ。今はなぜか、滅多に金縛りには遭わないけどね。当時はよく遭ってたな。それで、あるとき、男の人が胸の上に乗ってきた。

ぐうっと押さえ付けられるような感じでね、息ができなくて非常に苦しい。見えるのは黒い影なんだけど、感覚としては男なの。

そこで、私は覚え立ての不動明王の真言を唱えた。そうしたら言った途端、向こうがバッと、本当に怯《ひる》んだんだよね。一瞬、やった！と思ったんだけど、直後、男がすごい勢いでこっちの首をガッと絞めにかかってきた。怒ったんだよねぇ、相手。

私はすごく慌てちゃって。でも、他に何も思いつかないから、もう一回、真言を唱えたの。そうしたら、パシンって部屋が鳴って、男の人は消えちゃった。

そのとき思ったのは、真言が効くということよりも、あんなことをした私が悪いということだったな。確かに効果はあったけど、生兵法《なまびょうほう》は大怪我の基とは、まさにこのことだなぁ、って。

不動明王の真言って、攻撃呪文《じゅもん》なわけだよね。それを私が仕掛けたから、向こうも攻撃的になってきた。幸い無事に済んだけど、もし向こうのほうが強かったら、一体、どうなっていたんだろう、と。だから、生半可《なまはんか》に術とか真言を使うのは、非常に危険だなと反省しました。

　でもまぁ、私も懲りなかったわけだ（笑）。

　それから暫《しばら》くして……。昔から我が家って結構、出るのよ。私が呼ぶ体質だからなんだろうけど。

　で、今度はそういう攻撃的なものではなくて、家の中を綺麗《きれい》にするマジナイというのをやってみようと。

　方法は案外、簡単なんだよ。

　夜中、家からお線香を点《つ》けて、お経を唱えながら四ツ辻《つじ》まで行き、そこでお線香を消して、後を振り返らずに無言のまま、別のコースを通って帰りなさい。そうすると、家の中にいる細かいモノが綺麗になります。そういうことが、とある本に書いてあった。

　よし、やってみましょう、ってね。

　親の旅行中を見計らいまして、マニュアルどおり、お線香の束を両手で掲げて家を出て、ずうっと経文を唱えながら……通行人が見てたら、えらい無気味なものを目撃したと思うんですけど（笑）。

　ともかく、四ツ辻まで行って、お線香をその場で消した。途端に、偶然かもしれないけれど、辻にすごい風が巻いたの。上の方から木がそよいで、突風が吹き下ろしてきて。正直、ギョッとしちゃったよ。それで、ともかく帰ろう、と。

今度は無言で、一生懸命歩いていくでしょ。すると、人なんていないはずなのに、後ろからザワザワザワザワ人の声とか聞こえてくる。もう、怖くてね。

結局、無事に家まで辿《たど》り着いたので、それ以上は何もなかったけど。

マジで効くんだわ、ああいうのって。

で、これも後で思った。あのときはうまくいったけど、決めごとがあるからこそ、怖いって。下手に近所の人とかに会っちゃって「あら、どうしたの」「こんばんは」とか言われちゃったら、こっちは終わっていたわけじゃない。返しってものが来てしまう。だから、ああいう厳密な作法に則《のっと》ったものとか真言とか、確かに効くからこそ生半可にやったら、えらいことになる、ってね。

以来、私はそういうものからはなるべく遠ざかるようにしてるわけ。

そりゃあ、やる気になれば、いくらでも方法は知ってるけどさ。自分でやるのは、せいぜい般若心経《はんにゃしんぎょう》を唱える程度。だから、子供とかが遊び半分で、九字を切ったりするのを見ると、ゾッとする。

＊

三津田　この間、テレビでやってたね。つまり霊的な体験をしたら、こうやって防ぎなさいと。その中に九字の切り方もあって、こんなことを無防備にテレビで流していいのかと思った。若い人なんかは面白がって真似をするだろうし。
加門　当然、真似するでしょう。私だって最初は本とかから知識を仕入れて、やってみようと思ったわけだし。
ともかく、九字は簡単に思えるからこそ怖いんだ。九字の切り方って色んな本に書いてあるけど、解き方が書いてある本は滅多にないでしょ。あれはきちんと解かないとヤバい。オカルト指南書全体、もうちょっとなんとかしてほしい。
三津田　最悪、そういう心霊スポットと言われるところで、いきなりそういうことをやってしまうわけでしょ。
加門　馬鹿だよね。人に向かって九字切ったりとか。馬鹿だよねぇ。

＊

障子の黒い点

私、これ、漸《ようや》く最近、普通に話せるようになったんだ。この間、朝日ソノラマの編集者に言って、「あぁ、そういうことだったんですか」って納得された話でね。

『晴明。』という作品を書いたときのこと。

お二方、あの小説をお読みになっているのかどうか、私は知りませんけれど、少年時代の安倍晴明を題材にした、非常にシビアな暗い話なんだよね。

でも、最初は私、あんな話にするつもりはなかったの。その前に書いたのが『人丸調伏令』という、やっぱり暗い話だったんで、「ちょっと、明るい話を書いてくれ」と編集者にも言われたし、私自身も明るい話を書きたいなと思っていた。

それで、プロットを幾つか出したうち、安倍晴明のプロットだけが通って、「じゃ、晴明物でいってくれ」と。

話の骨格自体は、刊行されたものとそんなに変わらない。少年期の安倍晴明がお化けに遭って苦労して、段々成長していくという……。大まかなところは同じなんだけど、当時は、コメディっぽく書きたかったのね。

安倍晴明ちゃんは非常に心が弱くって、典型的ないじめられっ子タイプで、いつもお化けに遭っちゃ泣き、人にいじめられちゃ泣き、「僕って、もう嫌！」みたいな感じで。

ところが――ある種、典型的なパターンなんだけど――ある程度、書いた時点でワープロのデータが消えちゃったんだな。しかも、三回も。

一度目は、私がポカをして全部、消してしまったと思った。

二度目。フリーズしてしまい、どうにも戻らない。途中から、バックアップをしてなくて、泣く泣く……。でも、そのときは、大した枚数書いてなかったんで、なんとか記憶を取り戻しながら書き直した。

三度目。二百枚に届くかという時点で、パソコン壊れました。

で、ここらへんで最早、意地の張り合いのようになっていたのね。なんかヤバいとは思ったんだけど、別に神降ろしして書くわけでなし、誰の許可がいるわけでもない。

「小説なんだから、フィクションなんだから」って。

そのときはもう、安倍晴明は夢枕獏《ゆめまくらばく》さんも書いていたし、岡野玲子《おかのれいこ》さんも漫画を描き始めていたし、ブームの兆しが見え始めていた。ジュヴナイルでも流行《はや》り始めてた。でも、他の人達にはそういうのって、何もないじゃん。私だって小説として、エンターテイメントのジュヴナイルで安倍晴明さんを書くんだ、って意地になって、四度目を書き始めたわけよ。

まぁ三回も消されて、もう何百枚と無駄になってはいたのよね。でも、だからこそ、割り切りたかった。

で、書き続けて。その辺りから、なんとなく家の中がガタピシうるさくて、加えて……忘れちゃったけど、夢見も悪かったんだけど、ともかく私は「関係ない。関係ない」と。

そういぅ干渉を信じてなかったわけではないのよ。だけど、振り回されたくないという気持ちのほうが強かった。「これは、私の小説よぉ！」と。

それで、四度目。またまた百枚近くになったとき、私は夜中に仕事をしていた。ちょっと部屋の説明をすると、私は和室を使っていて、机の脇には障子がある。だから、原稿を書いていると、障子が視界の角《すみ》に入ってくるの。

そこで原稿を書いてたら、真夜中を過ぎた頃、障子の紙の白いところにポッッと黒い影が浮かび上がった。

そうだねぇ、指先にちょっと墨を付けて突いたような。

でも、現実の影じゃない。視線を向けると消えちゃうからね。視線をパソコンに戻すと、目の端に黒いもやもやとした……妙にはっきりとした黒い点が見えるわけ。

なんだろうと思いながら、私はパソコンの画面を見ていた。そうしたらその影が、目の端でツッツって動くのよ。それで、最初にあったところから動いたところまで、黒い軌跡ができていく。つまり、線になっていくわけだ。

私は暫く、それを目の端に置いたまま注意していたら、どんどんどんどん影が動いて、線が長ーくなっていく。

結局……本当に、信じられない話かもしれないけど、障子に巨大な逆五芒星が現れたんだわ。

全身に鳥肌が立ったよね。で、わぁ！　と思って、そのときはラップトップのパソコンを使っていたから、その画面をパンッて伏せて。

駄目だ、この話。他の作家は許してもらっても、ともかく、私には許されない何かがあるらしいって。

もう締め切り間際だったんだけど、次の日、編集者に電話をかけて、「すみません。ちょっと京都に行ってきます」って。締め切りを遅らせてもらって、翌々日大慌てで晴明神社に飛び込んで、

「ごめんなさい。悪かった。許してください。どうにかしてくれ」って。

しかしねぇ。そのとき初めて、晴明神社に行ったわけでもなかったんだけど……晴明神社の雰囲気の冷たいこと冷たいこと。もう思いっきり、機嫌を損ねているなっていう感じなの。こっちは一生懸命、許しを請おうと思うんだけど、なぁんにも通じない感じ。

それでも、他に打つ手もないから、お参りだけして帰ってきて、ずっとクョクョしてたのね。でも、そうこうするうちに、なんとなく筆が運び始めて。

なんだか思いっ切り暗い設定になったものの、今、本になってるような形になり始めてきた。

晴明さん、こんな話を私に書かせたかったのかなぁ。

そんなふうに思いながらも、原稿書いてて。でも、ふと思い出すと、怒られちゃった、と悲しい気持ちになるわけだよね。嫌われちゃったわ、主人公にしている人に、って。

それに、すごく不安もある。今の形で本当にいいのか。もしかして、完全に見捨てられちゃったんじゃないのか。そうだとしたら、とても悲しい、と。

で、あるとき、夜中に蒲団《ふとん》に入ってから、すごく思い詰めてしまったの。大丈夫なのかな、もう怒っていないかな、なんか言ってくれればいいのにな、って。ずうっと考えていたら……来たんだよ。

鬼門の方がパシンッと鳴って、スッと戸の開く気配がして、誰かが部屋に入ってくる。ちゃんと足音も聞こえるのよね。

それが安倍晴明だとか、そんな畏《おそ》れ多いこと、私は絶対、言いませんよ。だけど、誰かが入ってきた。

私は蒲団の中で目を閉じて、黙って気配を窺《うかが》ってたの。そうしたら、足下の方から枕元の方に上がってきて、そこでひと言。

「付いてこい」

その声、今だに覚えているけど、あんなに深くて低い、澄んだ声は聞いたこともない。

ほんっとうに仰天したよ。それで、私は情け無くもパニックを起こしてしまったんだな。

付いてこい、って何？

そりゃ、安倍晴明のことを考えていたわけだから、もしかしたら御本人かも、って思いはあったよ。でも、何より私は怖かったのね。何に付いてこいか、わからない。陰陽道《おんみょうどう》というものに付いてこいということかもしれないが……ちょっと待て、私は『うわさの神仏』とかのエッセイも書いていて、できれば神道とか仏教とか、そういう全部に縁を持っていたいわけだし、そんな陰陽道のみの一局集中的に縁を持つわけにはいかないし、と。

そんなことが頭にグルグル渦巻いて。

「そんなこと言われても困ります！」

……って思った途端、またも家がパシンッと鳴って、フッと気配は消えてしまった。

一瞬後、もしかして大失敗、と（笑）。

付いていったら、そりゃもう立派な伝奇小説的展開を経て、私は今頃、大陰陽師になっていたかもしれないわよね（笑）。

でもまぁ、その晩以来、つつがなく原稿は進み、本も上梓《じょうし》できたわけです。縁ができたのか見捨てられたのかは、今だに謎。

＊

東　あの作品は、ちゃんと二度のお務めも果たし（『晴明。』は判型を変えて二度刊行されている）、それなりのセールスも記録したんだから、縁はあったんじゃないでしょうか。

加門　結果的には、悪い作品ではなかったのかなと思うものの、あれは一体なんだったんだろう。

東　そのまま付いて行ったら、もっととんでもない大傑作になっていたかもしれないよん。

加門　ねぇ。今だにちょっと惜しかったかなぁ、って思うんだよねぇ。でも、正体がわかんないわけだから。そうやって思い詰めてると、そこに付け込んで、悪いものが来る場合もあるから。当然、見極めはつかないし。

東　ほお、見極めがつかない？

加門　うん、つかない……ことにしておきたい。

まぁ、普段なら、善し悪しの見当ぐらいはつくよ。でもね。その晩、私は晴明さんのことを考えていたわけでしょ。とすれば、入ってきたのは安倍晴明だって思うし、思いたいよね。でも、そう思う気持ちの半分は自分の願望でしかない。

「自称霊能者」のところでも話したけど、そういう願望に付け込むモノが沢山いるのは知っていたから。簡単には頷《うなず》けないよ。

　にしても、やっぱり安倍晴明はすごい……逆五芒星はやられたなぁ。

東　小説はないけれど雑誌の特集なんかでは、その後も晴明さんがらみの原稿を書いたりしてるじゃない。そういうときは何もないの？

加門　まぁ、ないね。『晴明。』が上がったとき、もう一度、晴明神社に行って「一応、なんとかなりました。なんとかなったと、私は思いたいのでよろしく」みたいな挨拶《あいさつ》はした。そのときはもう、そんなに雰囲気悪くなかった。

　ともかく、安倍晴明に限らず、歴史上の人物を扱うのは大変。すごく気を遣うよね。

三津田　特に呪術《じゆじゆつ》系の人だったら、尚更かもね。

加門　小野篁《おののたかむら》さんのときも色々あったし。あの人は他愛無い——他愛無いと言っちゃ申し訳ないけど——あの人について、誰かと話してたりとか、小説書いてたりすると、夜中でも雀が沢山飛んできて、チュンチュン鳴くんだよ。なんで、篁さんと雀なのかね。

東　『環蛇錢』では、八百比丘尼《やおびくに》の霊が出てきて何かしたとか（笑）、そういうことはないんですか。

加門　『環蛇銭』はね。八百比丘尼を色々調べた中で、原稿に書いたものとは別に、大きなふたつの流れが出てきた。両方ともかなり重いネタ。それを入れなかったから大丈夫だったという感じかな。
三津田　それは高野山とか色々なところを取材した中で、加門さんが遭遇したエピソードということ？
加門　エピソードじゃなくて。八百比丘尼とはどんな存在か、そういうことを突き詰めて調べていくでしょ。その中で「これだ」って——まぁ、今は言わないけどもね——そういう確信がふたつ出てきた。でも、それを入れるとヤバそうだったんで、入れなかったというのはある。
東　ヤバそう、というのは晴明さんのときみたいに、執筆に支障が出るとか？
加門　うん、そういうのもあるし。そうだね、もし書いちゃったら、かなりキツイ目に遭うんじゃないかな。
三津田　完全なノンフィクションではないにせよ、そうやって調べて、色々推理もして、それが真相かどうかは別としても「あっ、これだ」という結論に辿《たど》り着いて、でも障りがあるから使えないというのは、かなりしんどくない？
加門　報《むく》われない、本当に。
東　でもねー、それを結構楽しんでいたりするようにも見えるのは……（笑）。

加門　確かに、楽しいには楽しいね。あ、っていうことがわかったりすると興奮するもの。ただ、そこらへんの酌量《しゃくりょう》は遠慮と言うより、こちらの怯《おび》えでもあるからね。

三津田　でも、それはネタにもよるでしょ。

加門　うん。今まで扱った歴史上の人物って、天海《てんかい》さん、晴明さん、小野一族、将門《まさかど》さん……やっぱり一番インパクトがあったのは、安倍晴明の話だけど、助けてもらったなと思うときも結構、あるから。でも本当に気は遣う。

　将門さんに対して、なぜ私があそこまで、いい男として書き続けるのか？（笑）当然、いい男だとは思っているけど、遠慮している部分もかなりある。『魔方陣』シリーズのときも、天海僧正がありとあらゆるところで出てきたし。けど、そういうことがあったほうが、結果はいいよね。何事もなく、ちょろりと書いてしまったものは、自分で書いてても面白くないような気がするし。

　ともかく、実在した人物を扱うときは、礼を尽くしておくのは有りだと思うよ。まぁ、喧嘩《けんか》売りたい人とかもいるけど。

東　例えば？

加門　聖徳太子《しょうとくたいし》とか。

三津田　でも、書かないでしょ。

加門　喧嘩を売る意味では書きたい。あんた、そんな善人じゃないだろ、って思いはずっとあるからさ。でも、絶対、勝てないし（笑）。無理かもね。

＊

安倍晴明の屋敷跡で

安倍晴明とは直接、関係のない話だけど。

京都にブライトンホテルという、ホテルがあるじゃないですか。晴明さんの屋敷跡に建ってるホテル。私はあのホテルがすごく好きでね、結構、よく使うのね。で、たまたま、母と京都に行ったとき、あのホテルに泊まったの。それは「付いてこい」の話からは随分、後なんだけど。

母がお風呂に入っているとき、私はひとりでソファに座って本を読んでいたんだな。そうしたら、妙な気配がする。お化けじゃないんだけど、なんか、もっとでかいモノのいる気配。おかしいな、って思ってさ。

私がなんで、あのホテルを気に入っているかというと、いわゆる幽霊とかがいないから。京都のホテルは大概、何かいるんだけど、あそこでは見たことがない。もしかしたら屋敷跡という条件も、働いているのかもしれないけどね。ともかく非常に快適に過ごせる。

それで、おかしいな、このホテルにこういうものは出てこないはずなんだけど、と、ひとりで気配を追っていってたら、隅とかピシパシ言い出して、壁をキキキキッって引っ掻《か》く音がしたりする。だけど、悪意は感じない。

それで、私はひとりだったこともあり、「何？　なんか言いたいことがあるの？」って声に出して訊《き》いたのね。そうしたら、コッコツって壁が答える。でも、そんな答えじゃわからないから、「もし言いたいことがあるんだったら、もっとわかりやすい方法を取ってよ」みたいなことを言ってみた。

そうしたら、突然、部屋全体が軋《きし》むような音がして……次の瞬間、バッと停電しちゃったの。

親は私が悪戯《いたずら》をして風呂の電気を消したと思って、「何やってんのよ」って怒鳴る。「違うよ。お母さん、ちょっと待って」って言いながら、部屋の外に出てみたら、全館、非常灯以外は消えて真っ暗。エレベーターの中に閉じ込められている人はいるわ、ホテルマンは走り回っているわ……。私は口を開けるしかなかったね。

暫《しばら》くしたら、大慌てでボーイさんがやってきて、

「申し訳ございません。停電です」

「この地域の停電？」

「いや、違います。このホテルだけです」

「原因は？」

「わからないんです。ともかく今、調べていますから、申し訳ございません。お待ちください」って。

何しろ、「やってみろ」みたいなことを言った途端に停電しちゃったんで、なんか責任感じちゃってさ。でも、真っ暗な中で「そこまであなたがやっても、私には何を伝えたいのかわかりません」って……（笑）。

停電したのは、夜の十一時過ぎだった。だから、多分、日付けが変わったら点《つ》くなと考えていたら、案の定、零時きっかりに電気が点いて。またボーイさんが来て、

「ご迷惑をお掛け致しました」

「点きましたねぇ。結局、原因は？」

「わかりません。突然、戻ったんです」

「そう、良かったね」みたいな感じで。

母親はプンプンして、「今まで、そういうことはあったの」って、ボーイを問い詰めて。

ボーイさんは、「いえ、こんなことは開業以来、初めてなんです」と。

結局、翌朝、お詫《わ》びとして、ホテルの人がフルーツを沢山、持ってきてくれましたねぇ。大層、美味でしたけど（笑）。

三つの人魂の話

隅田川の土手沿いを、雨上がりにドライブしていた。

あそこって、関東大震災でも沢山人が死んでいるし、第二次大戦のときにも大勢の人が死んでいる。火に巻かれて熱くって、みんなで川に飛び込んで、結局、打ち重なって死んでしまったというような……。

だから、今だによく出るのよ。最近はあの道自体通ってないからわからないけど、一時期は結構、見ていたね。真っ昼間、橋の袂《たもと》に蹲《うずくま》っている影のない女の人は誰？　という感じで。

それで、ある晩の雨上がり。そういう意味では非常に雰囲気のあるときに、父とドライブをしていたら、木立の方から青白い人魂がヒウッと飛び出してきてね。「あっ」って言っている間に、車の下に巻き込まれちゃった。後ろを見たけど、もういない。

「轢《ひ》いちゃったよ、お父さん」って。父もそのときは見ていたね。それでふたりで「うーん」とか言いながら、そのまま家まで帰ってきた。

ところが駐車場に着いて、車から出ようとしたら、父親が「あっ」って声を上げたの。「どうしたの」って振り向いたらさ。車のフロントグラスに、細かい霧が付着したみたいにびっしり水滴が付いていて、中央だけ丸い形で抜けているのよ。

「これ何？」「わからない」って。

水滴は外側に付いていたから、車から降りて布で拭《ふ》いたんだけど、拭いても拭いても、すぐ浮かび上がってきちゃって、元に戻る。

それで「これ、きっと人魂皪いたからだよ」って。

ちなみに、水滴は翌日になったら、消えていた。その後も、別に何もなかった。ちょっと悪かったかなって思ったけど、でもね、あの件は向こうの飛び出しだから、しょうがない。避けられるんなら、避けますよ。

でもやっぱり人魂って、あんまり良くないみたいだね。

以前、家に帰る途中、電柱の根元に赤い人魂がグルグルとわだかまっているのを見たことがある。そうしたら翌日、なんだかわからないけど四十度の熱出して寝込んじゃった。ああいうのは、嫌だなぁ。

後、完全な人魂じゃないけど、家の側のマンションをある日あるときの昼間、ふと見上げたら……。

非常階段の上、屋上近くに——タンクかなんか置いてあるのかな——張り出したみたいな部分があるんだけど、そこのところに人魂ともいえない青白い炎みたいなモノが、男の影を形作っていたことがあったの。

　気持ち悪いな、と思って目を逸《そ》らしたんだけど、次の日、外出するときに、私、鍵《かぎ》を忘れちゃったのね。で、家に母親がいたんで呼び出して、「鍵を忘れたから、上のベランダから下に投げてくれ」。母は「はいよ」って、鍵を投げたわけ。

　その鍵が放物線を描いて落ちるのを見て、一瞬、すごく嫌な感じがしたんだよね。私は鍵を受け取ろうとして手を出してたんだけど、怖くなって引っ込めようとした。けど、間に合わなくて、親指の先が掠《かす》ったの。

　本当に、ちょっと掠っただけなんだけど、その途端、親指の付け根が見る見るうちに膨れ上がっちゃって、捻挫《ねんざ》よ、完全な。

「お前、どういう受け取り方したの」って母には言われたんだけど。「ちょっと、当たっただけなんだけど。捻挫しちゃってさぁ」って。ひとりで嫌な気持ちになっていた。

　それから暫く経ったのち。私が青い影を見たマンションの話を親がしていてね。結局、そこで飛び下り自殺があったみたい。鍵の事件のあと、人が落ちたらしい。

　今だに、私が見た青い影がなんだったのかは、わからないな。まぁ一種の予兆というか、そういう結果を導く「通り悪魔」みたいなもの？　そういうものだったのかな、って思ってるけどね。

マッサージ幽霊と守護霊

話の前半は以前、『ダ・ヴィンチ』での若竹七海《わかたけななみ》さんとの対談で話したんだけど。そいつが最初に来たのは、寝ていたとき。私は最近、金縛りにはほとんど遭わないって言ったでしょ。ところがその晩は、オーソドックスな金縛りに遭ったのよ。おお、珍しい、って。この頃、怖くないからさ。単純に事実を認識するという形で思った。そのとき、俯《うつぶ》せになって寝てたんだよね。そうしたら、男の幽霊が出てきて、グッと背中にのしかかってきた。で、私を押さえ付けにきた手が、ちょうど肩のところに当たったの。正直、肩が凝っていたから気持ちが良くてね（笑）。でも、指の位置がちょっとツボから外れてたから「もうちょっと下だ」って言ったらさ、そいつ、位置をずらしてツボをグッと圧《お》してくるのよ。

こいつはいいや、と思ってねぇ（笑）。「もうちょっと背中の方、そこそこ。腕の付け根」って。暫くやってもらったよ。そのうち、向こうがうんざりしちゃったみたいで消えちゃった。

あぁ、気持ち良かったと、私はその晩は寝てしまったの。

それで、暫くしたら、またそいつが出てきたのね。私は「お前のことは知ってるぞ。今日は腰ね」って意識で言った。すると、そのとおりにしてくれる。で、またまた少しして消えて……。三、四回マッサージ代わりに使いました。

でも、向こうはそういう意図で出てきたわけでは、決してないし。通りすがりにしろ幽霊だよね。金縛りに遭わせて、不快な目に遭わせようと出てきたわけでしょ。その度にマッサージさせられるんじゃ、向こうの意図とは全然、違う。

それで、ある晩、また出てきて。

そのときは、頭を両手で掴《つか》むような形で持たれたの。今日は頭をマッサージしてくれるのかな、と思ったんだけど、そうじゃないんだよね。そいつ、爪が伸びているのよ。で、その爪が私の頭の中に、グウッと入ってくる感じになって。

「痛い、痛い。畜生、お前何やってんだよ。痛いじゃないか」って、こっちは舐《な》めてるから言うんだけど、そのとき、向こうは完全にマジ。

これはヤバい、と。

ま、確かに侮《あなど》って、やり過ぎた点もありましょう。正直、後悔したわけよ。舐めてしまった私が悪い、って。

それで振り払おうとするんだけど、払えるような払えないような、なんかコンニャクとやりあっているような感じになって、爪が頭に食い込んできて……どうしよう、マズいな、と思った瞬間、私の頭の上で、「くぉらあぁぁっ!」って、男の人の、もんのすごい恫喝《どうかつ》の声が響いたの。

その途端、男は吹っ飛ぶように消えちゃって。それで、私は助かったわけ。だけど、お化けは消えたけど、私はその怒鳴り声で心臓バクバク、汗ダラダラ。あぁ、びっくりした、びっくりしたって。

今の人、誰? まさか……いわゆる私の守護霊ってやつ?

でもねぇ。すごい巻舌でド迫力の……まぁ、その、守護霊さんのことは悪く言いたくないんだけど、ねぇ?

＊

東　またこいつが、っていうのは気配でわかるの?

加門　そう、気配でね。

東　金縛りって、加門さん的にはすべてお化けのせいなわけ?

加門　うーん、人によるんじゃない? 私の場合は必ず何か出てくるから。単純に金縛りだけに遭って手足が動きません。そのうち、動きましたっていうのは、私はない。普通は疲れているときになるとか言うけどね。その手の真偽は不明でしょ。
　でも、守護霊さんって、やっぱりいるらしいねえ。
東　先祖伝来の？
加門　先祖伝来かどうかは知らないよ。どういう人かもわかんない。私はただ、「こらぁっ！」っていう威勢のいい声を聞いて驚いちゃってさぁ。
三津田　守護霊が出てきたのって初めてでしょ。
加門　うん、初めて。
三津田　なんで今まで出てこなかったんだ。これまでも危ない目に遭っているでしょ。
加門　助けてくれてるんだろうけど。私がわからないだけかもね。
　おかしいのはね。私、結構、霊能者とか知り合い多いよね。で、その筋の人と喋《しゃべ》っていると「あの人に何が憑《つ》いてる」とか「守護霊がどうこう」とか、そういう話になることがあるでしょ。
　あ、ちなみに私は向こうが水を向けない限り、能力者の人達とそういう話はしないのね。なぜかというと彼女やら彼らの人生というのは、ある意味、とってもシンドイものだから。
　傍《はた》で見てるとわかるんだけど、その人の能力を慕って来る人は多いけど、本人自体を慕って来る人って、ほとんどいないの。私自身にも経験あるけど、大概の人って「見える」と言った途端、「私のオーラは何色？」「何か憑いてる？」「前世わかる？」って……。能力が強くなればなるほど、個人そのものと付き合おうという人はいなくなる。
だから、そういう力を表に出しちゃった人って、案外、孤独なんだよね。そういう理由で、霊能者さんとは向こうが水を向けない限り、普通の世間話、馬鹿話しかしない。まず、本人と付き合おうっていうのが、自分の考えとしてはある。でもまぁ、結局、住んでいる世界が世界だから、守護霊を始め、オカルト話にはなりがちだよね。
で、話は戻るんだけど、そんな話が出たとき、何人かの人に自分の守護霊を訊《き》いてみた。「ねぇねぇ、私の後ろは？」
誰ひとりとして答えてくれたことがないんだな。
東　それは、どういうニュアンスで？
加門　ニヤッと笑って、「まぁね」で終わる。
東　本人には、自分の守護霊はわからない？
加門　わかんないね。というか、私は知る必要ないと思っているから。知っても、別に何の変わりもないでしょう。

三津田　替えられるわけでもないだろうし。

加門　そうそう。実際、「知る必要ない」と言われたこともあるし。そういうもんだろうと思ってます。

三津田　加門さんの場合、その人達が答えないのは、実を言うと加門さんが失望するからとか……（笑）。

加門　失望なんて、失礼な（笑）。

　言えない理由は、あるんだろうとは思ってる。まぁ、能力者の中には「雛壇《ひなだん》のようにズラッと」って言った人もいたけど。でも、それは守護霊って言い方じゃなかったなぁ。

　ともかく、マッサージ幽霊の件はヤバかったのかも。私は大体、自分で対処しちゃうし、できなかったら、その筋に相談を持ちかけて、なんとか解決するんだけど。あのときは出てこざるを得ないほど——私が相手を舐めてたからこそ——マズかったのかもしれないね。

＊

振り向いてはいけない

あの頃は、そういう時期だったのかな。マッサージ幽霊のすぐ後に、私、また普通の幽霊に遭ったのよ。

友達と、夜、東京駅の辺りをぶらぶらしていて。

東京駅って方角さえ間違えなければ、大抵の道が皇居の方に向かっているでしょ。食事をした後、時間が余ったので、その子とちょっと皇居までぶらぶら散歩したのね。

それで、いつも同じ道じゃつまらないから、わざと通ったことのない道を選んだ。オフィス街なんだけど。そうしたら急に左の方から、すごーく嫌な気配がしてきて。

思わず、パッと見ちゃったの。

新しいビルだったんだけど、もう視線を向けた途端に、しまった、見ちゃいけなかったな、と。……結局、女が私に憑いてきちゃった。

なんで、そのビルにそんなものがいたのかね。ただ、今でもありありと目に浮かぶんだけど、電気の消えた、暗い一直線の廊下があって、建物自体が新しいのに気持ち悪いんだ。

そのビルの入り口から、冷たい風が吹きつけてきた。

それでまぁ、憑いてる、憑いてる。どうしようと思いながら、家に帰って。それでも、まだ離れないから、いいや、取り敢《あ》えず寝ちゃおう、と。

私の場合、寝るのがひとつの手ではあるのね。そのほうが顕在化してくれるから、対処方法もわかりやすい。

電気を消して横になって暫《しばら》くしたら、案の定、お出ましになったわけなんだ。

そのときは横向きで寝てたんだけど、背中にベッタリと女が覆い被さってくる。それで、私の首を後ろから……こう、肘《ひじ》を回すような感じで、グゥッと絞めにかかってきたの。しかも、その女、耳元で「殺してやる」って言うんだよ。

聞いた途端、最近の私のパターンどおり、理不尽である、ムカッてね。

何言ってんだ、テメェにそんなこと言われる筋はないんだよ、馬鹿女！　って。

女はまだ首をグィグィ絞めてくるんだけど、正直、技の掛け方が甘かった（笑）。肘に緩みがあったのよ。それで、そこをグッと引いて、腕に思いっきり嚙《か》みついちゃった。

幽霊が嚙めるとはねぇ。味はしないけど、歯ごたえは、弾力がなくてグニャッとした、鮮度の落ちた肉みたいな感じだったな。

相手、半袖《はんそで》か何かだったから、モロに地肌を嚙んだのね。筋肉とか全然ないようなグニャッと冷たい腕してて、嚙むほうだって気持ち悪いよ……。ともかく、嚙んだら

「ギャッ」って叫んで、いなくなったから、よし、と思って寝ちゃったわけ。

ところが、それで済んだと思っていたらさ。

翌日、パソコンつけようとしても、うんともすんとも言わないの。スイッチを入れると赤いランプだけがチカチカ点滅して、なんにも反応してくれない。しょうがないからカスタマーサポートに電話して、「こういう状況なんだけど」って説明したら。そうしたら、事情を聞いた女の人が「暫くお待ちください」って言って、その答えが変なんだよ。「多分、中に溜まってるんだと思います」だと。

「はい？」って聞き返したら、

「放電しきれなかった電気が、中に溜まっているんだ」と。

どう考えてもおかしいけど、そう言われたの。だから「コンセントも電話線も全部抜いて、一日放っておいて放電させてくれ」。「それでも駄目だったらオシャカです」って。

私は「溜まってる」って聞いた途端、昨日の女を思い出してね。「チクショウ、卑《ひ》怯《きょう》な」とか言いながら、取り敢えず言われたとおりにしました。うん、一日経ったら元どおりになったけど。

第二夜のときにも話したけど、いきなり来る幽霊というのは、ほとんど性格が悪いだけ。こっちに因果があるならともかく、ほぼ愉快犯みたいなもんだから遠慮してやることはないって、私は勝手に考えてます。

そういう意味では、本人達に因果がある話というのが、一番怖いね。

霊能のある友達から、一番怖い話というのを聞かせてもらったんだけど。

友達の知り合いが体験した話。

ご家族で、とある家に引っ越しました。幼い息子ひとりに、ご夫婦。ところが息子が具合が悪くなっちゃって、病院に行っても治らない。経過も全然、思わしくない。

正直、死んじゃうかもしれないという状況になったんだって。

そこで、まさに神頼みしか手段のなくなったご夫婦は、祈禱《きとう》師にお願いをした。そうしたら、祈禱師が言うことには「子供に恐ろしいモノが憑いている」と。

引っ越してきた家というのは、中古なの。前に住んでいた家族がいて、その家族にも、息子と同じ年頃の子供がいて、その子は白血病で亡くなっている。

どうやらその因縁なり、そういうパターンなり……ちょっと私にはわからないけど、そういうものが取り憑いて、息子は病気になったらしい。

仰天したお母さんは、「どうしたらいいですか」とその祈禱師に訊《たず》ねたら、「方法がひとつだけある」と。

オーソドックスな方法だけど「人形《ひとがた》で子供の身体を撫《な》でて、その人形を夜、川に流しなさい」と。「でも川に流すまでの間、何があっても振り向いてはいけませんよ」

って。

お母さんはそういうことをやること自体、怖いわけだよね。でも、子供のためだから、「やる」と言って、ある晩、人形で息子を撫でて、お父さんとふたり、土手に向かって歩き始めた。

歩いていくと、案の定、後ろから呼ぶ声がする。

「おーい、おーい」とか、脅かすような物音とか。そればかりか、自分の子供そのものの声で、「お母さーん」と声がする。

でも、絶対、これ本物じゃない、うちの子じゃない、って思い続けて。

一生懸命、振り向かないように、振り向かないように、人形を握り締めて土手まで行って。漸《ようや》く川が見えてきて、人形を流そうとした瞬間。

今まで黙って後ろをついてきたお父さんが、お母さんの肩をガッて摑《つか》んで、バッと振り向かせちゃった。

で……子供は死んじゃったんだって。

加門七海と本名

今までで、一番印象的だった夜の話をするね。

最初は家鳴りがピシパシするわけ。そういうことって、よくあるんだけど、全然インパクトのないときと、ビクッとするときがなぜか、ある。

その晩は、ドンッとかやられると、うわっと思って起きちゃう感じ。それでまた、ウトウトすると家が鳴って飛び起きる。そんなことを繰り返しつつも、段々、眠りに入っていったら、今度は耳元で「おい」って声が聞こえるの。ハッと思って目が覚めるでしょ。当然、誰もいないわけ。けど、またウトウトすると「おい」って。

なんかウザイなって思って。それでも寝ようとしていたら、今度はいきなり電話のベルが、リーンって鳴る。当然、こっちは起きちゃうよね。すると、電話は切れている。

まぁ、大体そこらへんで、私を眠らせたくないのがいるみたいだな、と思った。

でも、やっぱり眠いから寝るでしょう。そうしたら、そのときは、いきなり枕の辺りがファッと明るくなったのよ。思わず目を開けたら、床の上をハンドボールの球くらいの大きさの、青い火の玉が走り回ってて、その火の玉のところから「○○！」って、私の本名を呼ぶ声が聞こえて。それで、バッと燃え上がるようにして消えてしまった。もう、完全に目が覚めちゃって。

わかったよ。朝まで起きてりゃいいんだろ、って。

ああいうのって、なんなんだろうね。全然、意図がわかんない。こういうときは、だいたい本名で呼ばれるんだけど……。

一度だけ、知人のところにペンネームで言ってきた奴が出たことがある。

知り合いがある晩、金縛りに遭って、女の幽霊が出てきたんだって。

その幽霊、顔をね。白い紙で隠しているんだって。それが知人の上にのしかかってきて、「加門七海に近づくな」って言ったんだってさ。

その人、すごく怯《おび》えたらしいの。それで、私のことを遠ざけるようになったわけ。

私は事情を知らなかったんだけど、ちょっと不審なものを感じたので、「何かあったの」と訊《き》いたのね。そうしたら、「実は、こういうことで」って。

まぁ、その人も、そういう世界を信じている人だったから。

「あれは多分、加門さんに関わりのある何かが、私のことを遠ざけようとしているんだ」と。「そういうことだったら、私は怖いんだよね」とさ。

私はその話を聞いた瞬間、生霊だなってピンと来た。心当たりがあったから。

その知人には、前々から付き合っている仲の良い女の子がいてね。私と知人はたまさかウマが合ったんで、当時、急接近して仲良くなり始めていたの。で、その女の子も交えて、しょっちゅう三人で会っていた。その子はいつもニコニコして話を聞いてるんだけど、私のことをすごくウザったがっているのはわかっていたのね。それに、その女の子、私の本名を知らないのよ。

つまり、顔を隠して出てきたということは、金縛りに遭った知人には面が割れているということ。顔を出したらバレちゃうんだよ。だから、顔を隠して「加門七海に近づくな」。

＊

東　その幽霊に出られたほうの女性は、加門さんの本名を知ってるの？
加門　うん、知ってるよ。
三津田　なんか一本筋の通っている話やな。
加門　通ってるでしょ。オカルト的な世界って、そういう意味じゃわかりやすい。
東　お化けには、さっきの青い火の玉にしても、本名がわかるんかい。
加門　加門七海っていうのは飽くまで、私のペンネーム。一種、社会的な仮面じゃない。だから、私の本質に関わりのあるものは、必ず本名を使ってくるね。逆に本名を知られると、ヤバい場合もあるわけだけど。
生霊さんは加門七海という顔しか知らなかったから、ペンネームしか使えなかったんだ。
三津田　で、それはどうしたの。付き合いやめた？
加門　うん、疎遠にした。だってね、そんな生霊になるくらいその人のことが好きで……まぁ、全員女性だけどさ、疎まれながら付き合い続けても、現実的には拗《こじ》れていくのはわかるじゃない。

三津田　生霊になった子自身、自覚あるかはわからないんでしょ。

加門　自覚はないと思うよ。でも、今にして思えば、辛《つら》いという気持ちはわかる。

知り合いもオカルトが好きで、かなり知識も持っていて。だからこそ、私と遊んでいたりしたんだけど。生霊になった子っていうのは、そういう世界は好きなんだけど、全然わからない子だったの。だから三人で話していても、自然におミソになってしまう状況というのができてたわけだ。

元々、そういう知識がないから、その子は知人のことを一種、畏敬の目で見てて。そこに、たまたま知り合っただけの私が入っていって、コアな話ばかりをしてたら、確かに面白くないでしょう。

ま、生霊云々は飽くまで私の推理だけどね。あのとき、私がピンと来たのは絶対、間違いないと思うな。

＊

最終夜　再び根津のとある旅館の一室にて

三角屋敷を巡る話　完全封印版

三津田　さて、三夜に亘《わた》って語っていただいた怪談も、いよいよ最後の話となりました……と、なぜこの話だけ改まるかというと、実はこの話は加門さんのお友達でもある作家の霜島《しもじま》ケイさんが体験されたもので、これまでにも『幻想文学48』霜島ケイ「家─魔象」と加門七海（掲載は匿名）「手記」、『文藝百物語』霜島ケイ「三角屋敷の怪」『日本怪奇幻想紀行　六之巻　奇っ怪建築見聞』霜島ケイ「実在する幽霊屋敷に住んで」「三角屋敷の話」として紹介されてきたものです。本書の読者の方も、いずれかでお読みになっているかもしれません。ただ、幽霊屋敷物としては白眉《はくび》の話であり、何よりも後日談の厄祓《やくばら》い的な意味も込めて、本書での四度目の紹介の検討を加門さんにお願いしたところ、霜島さんをはじめとする関係者の承諾を本日の収録までに得ていただけたということで、本書の取りとしました。本当にこれで完全に封印をするということで、これまでには表に出ていなかったエピソードまで話していただきます。ちなみに霜島さんの原稿に登場していたSさんというのは、実は加門さんのことです。つまり加門さんもリアルタイムでこの話には関わっていらっしゃったわけです。

　という前置きをして……。

加門　どこから話せばいいのかな。

東　そもそも霜島さんと知り合ったなれそめから始めれば……。

加門　別に劇的な出会いがあったわけじゃ（笑）。

霜島ケイさんとは、あるパーティで知り合って、結構、ウマが合ったんだよね。それで、一緒に旅行したりとか、遊びに行ったりとか。単純に気の合う友達って感じだよ。

　彼女自身、伝奇物を書いているし、怪談なんかも嫌いじゃない。オドロオドロしい話はだめだけど、オカルト自体を否定する人じゃなかったから、私も関わりやすかった。それで、付き合いが続いていって……。

　知り合った当初、彼女は全然違うところに住んでたの。問題のマンションに移ったのは、妹さんと一緒に暮らすことになってから、ふたりだと結構、家賃の高いところも借りられるでしょ。それで、物件を見つけて、新しい住処《すみか》を借りたわけ。

　当初は「凝った内装の家なんだ」という話だけを聞いててさ。世間話以上のことはなかったね。で、暫《しば》らく経ったのち、「遊びにおいで」という誘いを受けた。

私と彼女の家というのは、西と東に離れてて、遊びに行くなら東京を横断しなくちゃならないんだよね。かなり億劫《おっくう》な距離なんだけど、他の作家の人も集まって、ホームパーティみたいなものをやるから、と。

夕飯は霜島さんと妹さんが、腕を揮《ふる》ってくれると言うので、じゃ、行きましょうということになった。

その前後に、新しい場所について「三角形のビルなんだ」という話だけは聞いていた。三角形の土地、建物というのは、伝統的な家相として、まぁ、よろしくないわな。

ちょっと蘊蓄《うんちく》がかった話をすると、三角形の場所っていうのは単純な家相上の善し悪しを超えた意味がある。三角に枝分かれをしている股《また》のところは、神か魔が宿る場所なんだよね。ダウジングロッドに使う木がなぜY字をしてるのか。川の分岐点に神社があるのはどうしてか……。三角形の意味を考えれば、それらの理由もわかってくる。

つまり、三角の土地というのは神仏が宿るか、あるいは神仏によって抑えられるべきものが潜むか。ともかく、人の住めない土地だという認識が元々の考えとしてあったわけ。それで、家相的にも、その場所に住むと悪いことが起きると見なされた……と、私は考えているんだな。これは決して、的外れではないと思うよ。

だから、霜島さんから「三角の建物だ」と聞いたときから、大丈夫かよ、という気持ちはあった。霜島さんに言いもした。けど、私はこういうことを重ねてるけど、ある種、なけなしの現実主義的部分があってさ。三角形だからといってすべてが悪いわけではなかろう。そう考えて、霜島さんにはそれ以上、何も言わなかったんだ。家にも伺うことにして。

駅に迎えにきてもらって、道を歩いていって……。前を見たら、道が綺麗《きれい》にY字に分かれている。そこの正面にある建物が、霜島さんの住むマンションだ、と。でもさ。霜島さんから「ほら、あそこ」って言われたとき、私、実はマンションが全然見えなかったのよ。で、「どこ？　どこ？」「真正面だよ」「えぇ？」って言って、目を凝らして漸《ようや》く「あぁ。あれか」。まったく見えなかったのね。

東　建物自体が？

加門　うん。そういうことって、時々ある。絶対に、見てはいけないものとかね。細かい話になるけど、この間、某博物館で「占いと呪《まじな》い展」という企画をやって。そのとき、実際に木に打ち付けられていた藁《わら》人形が展示されたの。

私はそこでの講演を頼まれててね。最初に「展示を見せてくれ」って、時間潰《つぶ》しも兼ねて、三、四回、展示会場をぐるぐる回った。

ここの御札持ってきてんのかぁ、とか、コレ、公開したらマズいんじゃないの？　とか思いながら。でも、藁人形が見当たらないから、学芸員さんに訊《き》いたのよ。

「呪《のろ》いの藁人形があるって言ってましたけど、どこに展示してあるの」

そうしたら、「目の前にあるじゃないですか」って。

それで、初めて気がついた。

だから、そういうものってね、目に入らないときがある。

ともかく、その建物も「あそこだ」と指を差されるまで、私は全然、わからなかったの。

銀色の、ちょっとシルバーグレーがかった外装だよね。三階建て、三角形の家。確かに綺麗で、非常にお洒落《しゃれ》な建物なんだ。後で聞いた話によると、新築した当初は賃貸にせず、三年間、無人のまま放っておいたんだって。そのせいか、手垢《てあか》のついていない感じはしたし、造りもかなりユニークだし。……まぁ、今ここでどう取り繕《つくろ》おうが、嫌な建物だったというのが正直なところよ。見た途端、おいおいって思ったもの。

それで玄関から中に入って……第二夜で話した「ある町工場の話」じゃないけど、建物の中に入った途端、私は目眩《めまい》に襲われて、足下が覚束なくなってしまったの。

全身から力がすうっと抜けていくような、腹に力が入らない状態になっちゃってね。うわぁ、ヤバい、って思ったんだけどさ。ここまで来たら引き返せない。

三津田　建物自体の玄関はどうだったの。

加門　建物自体の玄関はね、三角形の一辺についている。

三津田　入るとホールがあって？

加門　ホールがあって……というか、そこのとこ、あんまり憶えていない。もう、頭ぐらぐらだったから。薄暗かったという程度しか。

東　そう、なんとなく暗いんだよね。私は「君子危うきに近寄らず」で、外から眺めただけで内部には入らなかったけど。普通のマンションのエントランスという感じじゃなかったんだよね、なんか雑居ビルの入り口みたいな狭くて暗い感じの……。

加門　東さん、行ったんだっけ。

東　見てきましたよ。

加門　ともかく私は暗かったということしか、記憶にないな。中に入った段階で、頭くるくるって感じでさ。はぁー、もう駄目だ。力は入らないし目眩はするし、平衡感覚おかしいしって。

でも、取り敢《あ》えずエレベーターに乗って三階まで行って……うーん、ほんとに憶えていない。

インターホンが妙な方向に向いているって聞いたのは、そのときだったかな。全然違う方向にカメラが向いちゃっていて、インターホンから人影が見えないんだって。凝り過ぎて、使いづらい家というのもあるもんだ、と。

記憶にあるのは、天井が高くて天窓があって、壁にカラフルなお面みたいなのが飾ってあって。それから、そう、キッチンの上、手の届かないところに物入れがあった。なぜかその扉、開いたまんまにしてあるんだよ。

で、ふと見たら……物入れの中に、何かが座ってるんだよね。黒い、ゴツゴツっとした固太りの男の影みたいなのが。でも、戸棚に入れるくらいだから、現実の人ほどは大きくない。

まぁ、パッと視線を逸《そ》らしたよね。そして何気なく霜島さんに「ねぇ、なんであそこ開けておくの」って。

「閉めるの面倒臭いんだよ。梯子《はしご》がないと届かないんだ」

「物を入れて、閉めたほうがいいよ」

そのときは、そういうアドバイスをした。

私が若干、風水を知ってて、見えることも承知してたから、アドバイスは受け容れてくれたよね。「他にはどう？」って言われたような気もするんだけど……正直、私は黙っていたのよ。なんで、黙っていたかというと。

うーん、多分ねぇ、この本を全編読んだ人は「加門って、どうしてこう冷たいんだ」と感じるんじゃないかと思うんだけど。

東　冷たいじゃん（笑）。

三津田　そうそう（笑）。いや、それは大丈夫でしょう。

加門　結局、入ったばかりの建物だし、人によってはそういうことを言われるのって、非常に嫌がるじゃない。霜島さんとの付き合いが長いとはいえ、「この建物は悪い、出ろ」とは、簡単に言えることじゃない。

妹さんとのふたり暮らしということで、腰が重いのはわかっていたし、契約や礼金の問題もある。引っ越し貧乏という言葉もあるしね。

私が何より気にしたのは、経済的な状況なんだな。もし、出られない状況だったら、ケチをつけたら、それだけで不快な気持ちになるでしょ。それに私が気持ち悪いと思っても、本人達が快適に暮らしているんなら、それはそれでいいわけじゃん。

で、黙ってて……普通のお喋《しゃべ》りをして、御飯を食べて。うん、非常に美味《おい》しかったですよ、夕飯は。

暫く遊んでいたんだけど、私だけ先に帰ることにしたの。他の人達と全然方角が違っていたし、遠かったから。

「じゃあね」と別れて、来た道をひとりで戻っていったんだけどさ。道の途中から――そのマンションから離れていくに従って、どんどんどんどん気分が悪くなってきた。

脂汗がだらだら流れてきて、貧血を起こしたみたいに手足が震え始めて。もう、このまま、ぶっ倒れるんじゃないかと思うくらい。

気持ち悪くて、吐きそうなのよ。それで一生懸命、早足で歩いて、なんとか駅に着こうと頑張った。早く駅に着いて、トイレに駆け込みたかったんだよね。

でも、駅に着いて切符を買おうとしても、手ががたがた震えちゃうんだ。十円玉とか、うまく穴に入らない。それでも、なんとか切符を買って、構内のトイレに走り込んで……。汚い話で恐縮だけど、入った途端に戻したわけよ。

そうしたら、あのマンションで食べたものが、なんにも消化されてない。全部、そのままの形で出てきた。私はそれを見ながら、トイレの壁に頭を付けて、ずるずるっとへたり込んじゃった。完全に貧血状態で、汚いとか言っている状態じゃないのよ。指とか冷たくなっちゃって、落ち着け、落ち着け、私、って。

どのくらい、トイレにいたのかなぁ。ともかく、そのとき思ったのは、食べたものが全部出ちゃって良かったなって。同時に、あの家、本気でヤバいや、と。

正直、私は入ったときから、あそこはヤバいと思っていた。だから本当は、何も食べたくなかったの。霜島さんには悪いけど……つまり、第一夜で話した黄泉《よもつ》戸喫《へぐい》状態だよね。

でも、お呼ばれして行った手前、出された料理を食べないわけにはいかないじゃない。で、ここまで来たら、毒を食らわば皿までだと思って、料理を口にした。ある意味、自ら取り込まれる形を取ったんだよね。そうしたら、その場は楽だった。談笑できて、楽しく過ごせた。それで、そのまま収めちゃおうと思ったんだけど、結局、全部戻しちゃった、と。本当に受け付けなかったんだね。

ともかく、そのことがあってから、マジで、あのマンションはまずいんじゃないかと思い始めた。

実は、新しい名刺を貰《もら》ったときから、地名は気になってたんだよね。「××」っていうんだわ。「××」って、典型的な悪霊鎮《しず》めの名前でね、荒御霊《あらみたま》を示す地名なの。

そんなことも引っかかったから、家に帰ってから地図を見てみた。一帯に神社やお寺がまったくないのが、妙な感じはしたんだけどさ。正直な話、私にはよくわからなかったな。

だから情報を得るために、数日後、霜島さんに電話して細々《こまごま》と様子を訊いたのよ。

そうしたら、家は完璧《かんぺき》な二等辺三角形で、エレベーターホールはその中央に当たる場所に位置している、と。居住スペースはエレベーターを挟んで、底辺に当たる台形部分と頂点側の三角形のふたつに分かれている。一階毎に、部屋がふたつずつある計算ね。そういう建物だと知らされた。霜島さんは、台形部分に住んでたんだな。

私はその形を知って、益々薄ら寒くなってきちゃって。なぜかというと。

またも蘊蓄《うんちく》がかるけど、呪術《じゅじゅつ》的な図形を完成させるとき、真ん中に点を打つことがあるんだよ。五芒星《ごぼうせい》の中央に点を打ったり、九字を切った最後に点を打ったり。

だから、私、そのエレベーターの位置を聞いたとき――的を射ているかどうかはわからないけど――このエレベーターも、そういう作用が働いているんじゃないかと思った。図形に呪力を持たせる位置にエレベーターがあって、住人がそこから出入りする。

そう思うと、怖い仕掛けだよね。それで、尚も詳しく訊いたの。

「ゴミ捨て場の位置とかどうなってるの」

「位置？」

「方角とか」

「うーん。ああ、今は東北になっている」

「今は、ってどういうことよ」

「入居した当時は、別の場所にあったんだ。でも、人が入り始めてからすぐ、ゴミ捨て場の位置が変わって。それで東北」

東北って鬼門じゃない。そんなとこにゴミ捨て場があるのは、あまり良くないんじゃない」って言った。「そうだよね」と、彼女も言って……。

人が入ってから、家相を悪く変えるなんて、なんだか意図的な感じがするでしょ。非常に嫌なものを感じる。

で、暫《しばら》くして、お友達の霊能者さんと会う機会があったんで、家の話をしてみたわけ。地図を持っていって、「ここなんだよ」と。

私は何人か、頼もしい霊能者を知っているんだけどね。そのとき、会った霊能者さんは術もできるし、遠隔透視みたいなことも得意なの。よく当てるんだ。一度も私の家に来たことないのに、家の間取りは全部押さえてるし、絨毯《じゅうたん》の色まで知っているという嫌な人（笑）。

そういう人なんだけど、地図を見て、「うーん」って唸《うな》ってから、「三角の建物なんてないよ」って言う。

私はその人が外したか、あるいは全然違うところを透視してんじゃないのと思って、

「いや、ないわけがない。住所はここだし、地図もここだし」

その人、「おかしいな」と言いながら、でも、霜島さんのことはわかったらしくて、

「あ。霜島さんって、この人かな。ショートカットで、すらっとしてて……丁度《ちょうど》、仕事をしているね。眼鏡をかけているんだね」

部屋の間取りや机の形、今はちょっと散らかってるとか（笑）、そういうことは完全に当てた。ちなみに私は、後で確認するまで彼女が仕事中、眼鏡をかけているって知らなかった。本当にそうだったんだけど。

ともかく、家の様子は当たっていたので、「そうそう。そこの建物だよ。三角形のマンションでしょ」と。でも、その人は「違う。丸い建物だ」って、すごくきっぱり言い切るわけ。

「丸じゃないの。三角形」

別に怒る筋はないんだけど、若干、苛立《いらだ》ったよね。そうしたら、「ああ……。上から見ると丸いんだ」ってさ。

「上から見ると？　どういうこと」

「巨大な蛇が巻き付いている」

「え？」

「うん。すごくでっかい蛇が建物にとぐろを巻くように、ぐるっと巻き付いている」

　その人のやり方というのは、ちょっと視界を遮るようにして、俯《うつむ》きながら話していくの。どこかに映り込む映像を追っているんだろうね。それで、

「蛇で、大きい……あ、怖い、怖い。こっちは怖い。見たくない」とか、

「こっち側からは、うーん、ちょっと入れないな」みたいなことをブツブツ言う。

「怖いって一体、何が怖いの」

「マジだから」

「え？」

「土地の問題とかじゃない。これは完全に意図的に造られている、呪《のろ》いのための建物だよ」

　私はそんなの、この世にあるのかと思ったね。で、「ちょっと待ってよ。呪いって？　一体、なんの目的で」って訊《き》いたらさ、

「実験」

「実験？」

「こういうことをやった家に人が入ったら、どうなるか。それを見るために造ったんだ」

「ええっ？　それが本当だったら、ただの悪意、オカルト愉快犯みたいなもんじゃん」

「そのとおりになるのかな」

霊能者さんが、そのとき、どこまで見えていたかはわからない。けど、案外、冷静に答えるんだな。私のほうは逆に焦って、「ねぇ、もうちょっと詳しく見てよ」と。

霊能者さん、「嫌だなぁ」と言いつつも――好奇心もあったんじゃない？――あの手この手で見てくれた。

「屋上になんかしてあるな。後、地下にもなんか埋めてある。屋上には何かを置いて、うん、最近、儀式をしたね」

「屋上とか、地下の細部はわからない？」

「見たくない。特に地下はすごく怖いよ」

「怖いって」

しつこく訊《たず》ねると、霊能者さんは一瞬、口ごもって、苦笑するみたいな顔してね。

「育てているんだよ、何か……」

私はゾッとすると同時に「げー、何それ。マジ?」とか言いながら、

「やったのは、デザイナー? 大家? 男? 女?」

「うーん。下手に引っ張ると、こっちに来る恐れがあるから……今日はここまでにしておこう」

結局、そんなふうに言われてしまって、その日はそこで終わってしまった。

すごく不安になったものの、そんな荒唐無稽《むけい》なこと、霜島さんに突然、言えやしないじゃない。

霊能者さんの意見を総合すると、その建物は最初から悪意を持った呪術的意図で造られていて、中の住人は呪術の効果を調べるための実験台で、住人の不幸や生気を利用して地下で何かを育ててる。しかも、やった連中は造りっぱなしというわけじゃなく、屋上とかで術の効果を増すための儀式をしている、と。そういうことになるわけでしょう。余りに現実離れしてるよね。

さすがの私も、すぐには信じられなかった。でも、気になるのは確かだからさ、次の日、霜島さんに電話をしたのね。雑談しながら、家の話に持っていって、

「ねぇねぇ、そのマンション。屋上ってさ、入れるの」

「いや、鍵《かぎ》がかかっていて入れないんだ。でも、夜中に上を歩く足音が聞こえたことがあったんだよね」

彼女の部屋は最上階なのに、その上で、立入禁止の屋上で、足音が聞こえたんだって。私は「へぇ」とか言いながら、「そのマンション、地下はあったっけ」

「地下はトランクルームになっているんだけどさぁ。電気が消えちゃって、いつまで経っても直してくれないから、入れないんだよ。エレベーターで地下に降りるの、怖くって」

霜島さんはそんなふうに嘆いてから、もっと怖いことを言い出した。

「トランクルームに通じている螺旋《らせん》階段もあるんだけど。どういうわけか、そこ、通れないように、鉄条網が張られちゃったの」

「なんで」

「知らない」

「防犯？」

「にしても、変だよね。ともかく、全体的に暗くてさ。廊下の電気も切れちゃったのに、全然、直してくれないし」

「それは、困ったね」と言いながら、困ったのは私だよ、って思ったね。話を聞いているだけで、背筋がゾクゾクしてきちゃって、霊能者さんの言葉の真偽はわからないけど、私の仮説——エレベーターが三角形の呪力《じゅりょく》を増す点に当たるなら、階段を封印して、そこだけを使わせる意味もあるに違いない、って思ってさ。

霜島さんはそのとき、『封殺鬼』シリーズが乗っててね。そのマンションに入ってから、CD化が決まったりとか、増刷かかったりとか、そういうことがバタバタと起こっていた。それを家の力だとすれば、良い物件を選んだな、と考えられるんだけど……後で霊能者さんに訊いたところ、そういうことが非常に怖い事態に繋《つな》がる場合もあるってさ。

まぁ、ともかく私自身、彼女の現状には引っかかりがあったんだよね。あの家で、どうして運が良くなるんだって。

でもね、それ、下手に言ったら、妬《ねた》んでいるように思われるだけでしょ。そう、口にはできないよ。だから、そのときはまだ、彼女には何も言わなかった。けどさ。袖《そで》振り合うも他生の縁って言葉があるけど、実際、彼女は友達だし。助けたいな、どうにかならないかな、と思って。

そうこう暫《しばら》く考えてたら、ある晩、夢を見たんだな。

私と霜島さんが土手を歩いている。すると、土手の下からひとりの老人がやってきて、彼女の手を引っ張るの。彼女は老人と共に土手を降りていってしまい、私は「行くんじゃない！」と叫んで、目が覚めた。

あまりに気になったので、夢の話を霊能者さんに言ったのね。そうしたら、「老人って、こういう人ではないか」と、私が容姿とかの説明しないうちに訊ねてきたの。「さすが、よくわかるね」って感心したら、「こっちの夢にも出てきたから」と。

霊能者さんの夢の中にも、同じ老人が出てきたんだって。それで、「お前のことはわかっているぞ。だが、何もできないだろう」と言って、嗤《わら》った、と。

その人曰《いわ》く、こういう世界の約束として、自分に関わりのないことで、当事者に頼まれもしないのにお祓《はら》いとかはできない決まりがある。だから、そういうことを言って、夢に出てきた老人は、三角屋敷の関係者に間違いないし、「これはもう、完全にバレている」って。

ビビりました。

あ、ちなみに関係者と言っても、実在する人そのものかどうかはわからないらしい。

建物に関与した人物はもちろん存在してるけど、夢に出てきた老人は、相手の仮の姿である可能性があるんだって。だから、その老人を捜し歩いても無駄である、と。

ともかく、私は怖いだけでね……。

それから、半月ぐらい経ったとき。霜島さんが小説の題材で、「乃木《のぎ》神社を取材に行きたい」と言い出した。それで「私も連れていってくれ」って、頼んで付いていったのね。

意図としては、彼女のそういう意味での様子を探りたかったのよ。けど、正直言って、乃木神社は乃木さんの家そのまんまが神社になっている感じでさ。一般の神社としての機能は、ほとんど感じられなかった。まぁ、乃木さんには悪いけど、そういう意味じゃ使えないな、と。

でもまぁ、一応、手を合わせようとしたんだけどさ。霜島さん、神社に立っても全然、参拝しようとしない。いくら乃木神社に力を感じないといっても、ちょっと嫌な気持ちになってね。

「まず、お参りしよう」って促したら、手は合わせてくれたんだけど……。普段、そういうことをするタイプじゃないから、やっぱりヤバいのかな、と思って。

でも、それだけじゃ何もわからないし。困って辺りを見回したら、木立の奥に摂社があった。確かに、お稲荷《いなり》さんだよ。普通の神社。

霜島さんはもう取材を終えて、鳥居から出ようとしてたんだけど、私、ラッキーって思ってね、「ちょっと、こっちのお社《やしろ》にもお参りをしたい」って呼び戻したの。

そうしたら、彼女、付き合ってくれたのはいいんだけど、参道の途中で、「こんなところ、お参りしても仕方ない」みたいなことを口にした。

確かに、その神社は小さいし、丁度、参道の改修工事の最中で、ゴタゴタした感じはあった。けど、彼女とは、今まで色んな社寺に行ったけど、そんな不敬な台詞《せりふ》は言ったことない。何度も言うけど、そういうことをするタイプではないんだよ。

さすがに、ギョッとしちゃってさ。それで、お参りしながら、彼女に何かあるのかどうか教えてくれと神社に頼んだ。

で、お参りを終えて、社に背中を向けた途端、彼女、石段に躓《つまず》いて転んだんだ。

あぁ。こりゃもう、絶対、来ているな、と。

神社の中でアクシデントに遭うってことは、それなりの理由があるわけよ。しかも、彼女、足に来ている。

私の体験からすると、足って結構、そういうものに敏感な部分みたいでね。私自身、例えば、今いる場所（収録中の旅館）に入った途端、右足が痛くなったりしたり（笑）。

うん、今はもう治ってる。ともかく足に来るのは確かなんだよ。

まぁ、そういうわけで、霜島さん、やっぱりマズい状況になっている。もう、話さなくちゃならないな、と思ったんだけど……すっごく悩んだんだよね。

彼女とは、今までもオカルティックな話はしていた。でも、マジでそんなことを言ったら嫌われて、縁を切られても不思議じゃないでしょ。だって、私がしようとしている話って、ある意味、似非《えせ》霊能者が、「あんたには悪霊が憑《つ》いている」って脅しをかけるのと同じ感じになるじゃない。

私自身、そういう話は非常に嫌だし、半端《はんぱ》な奴にそんなことを言われたら、「悪霊憑いてるのは、てめぇだよ」って、絶対、怒鳴り飛ばしちゃうし。

だから、すごく躊躇《ちゅうちょ》した。でももう、これは話すしかない。正直、縁が切れたらそこまでだとまで、私は思い詰めたよね。

それで、神社の側の喫茶店に入ってさ。話すきっかけを窺《うかが》いながら、お茶を飲んでたら、「この間、面白い夢を見た」って、彼女が夢の話を始めた。

精神障害みたいな感じの、白い服を着た女の子が出てくる夢で。

道の真ん中に女の子が寝ていて、霜島さんはその子と連れ立って、どこかへ行かなければならない、と。女の子はなんだかグニャグニャしててね。その子を抱えるようにして、一緒に建物の中に入っていく。すると、「その子は大事な娘だったんだ」と声が聞こえる。

そののち、女の子は精神障害じゃなくなって、女の人になる。男の人と一緒に立ってて、ふたりとも白い服を着て、男のほうは黒い帯と黒い冠を着けていて……。韓国とか中国の、昔の装束みたいな服なんだって。それで、儀式みたいなことをしている、と。

いつのまにか、建物は中国の御廟《ごびょう》みたいな造りに変わってて、そこに沢山の人がいる。蠟燭《ろうそく》があって、彼女は誰かから「自分の歳の数だけの蠟燭を灯《とも》せ」と告げられる。

当時、霜島さんは三十幾つだったわけだけど、二十年分を示す太い蠟燭と、十年分用の蠟燭だけ立てて——端数が見当たらなかったという話だけど——ある意味、歳を誤魔化したんだな。そうして御廟の奥を見ると、格子が塡《は》めてあって、奥になんだか恐ろしいモノのいる気配を感じた。

若い女のようだけど、生きている人間の気配じゃない……彼女の原稿にも書いてあったよね。蠟燭はそれを鎮めるために捧《ささ》げるというのが、夢の中での意味なんだって。

それから、夢がまた少し変わって、彼女は木のベッドに寝かされている。いつの間にか、周りは無人になっていて……。

そこで舞台がまた変わって、今度は彼女、長い廊下をずっと歩いていく、と。

廊下は御廟と同じ敷地にあるらしいんだ。やっぱりちょっと、中国とか韓国的な造りの廊下で。いつまで歩いても外に出られなくって、走っても走っても出られなくって……。

そういう夢を見たと話すの。

私の顔、多分、強張《こわば》ってたと思うよ。冗談じゃねーよ、って、心の中で叫んだもん。

蠟燭を捧げる――自分の歳の数を捧げるということは、自分の命数を捧げることになるからね。それに、木のベッドと聞いたとき、私は白木の棺に寝ている彼女しか想像できなかった。

実際、物凄《ものすご》く恐ろしい夢だよ。でも、夢の話を聞いた瞬間、今なら話せると思ったの。

霜島さんがどんな考えで、夢を話したのかは知らない。だけど、こっちとしては、まさに絶好のチャンス到来って感じでさ。彼女自身、夢の中で怖い思いをしたわけだから、今ならこちらの言うことも聞いてくれると思ってね。

それに彼女の夢の中に、なけなしの救いもあったんだ。つまり、正確な歳の数だけ、蠟燭を捧げなかったということ。これが良かった。

まだ、命を全部捧げたわけじゃない。これなら助かる、って考えて。それで、

「もし、気分を害するようだったら、正直に言ってくれていい」と。「でも、あんたに話さなくちゃならないことがある」って。

まず、あのマンションの気味悪さを話して、ご馳走を戻しちゃった話をして、夢での蠟燭の意味を言って。それから、夢の中で建物から出られないのも良くないって。中国の御廟みたいなところというのは多分、三角屋敷そのものだから、そこから出ようとしても出られない状況は、かなり不穏である、ってね。

霜島さんは怒り出すこともなく、真剣に聞いてくれたよ。だから、霊能者さんから聞いたことも話したの。オカルト愉快犯がいるらしい、と。

けど、まぁ、ここまで来ると荒唐無稽《むけい》な感じになるよね。彼女も半信半疑だったんじゃない？　当然だし、まともでしょう。実際、彼女の周辺で怪事が起こったわけじゃないんだから。

事実、そのときの霜島さんにとっての現実は、三角形の家に住んでいるということと、たまたま変な夢を見た、それだけでしょう。だから、彼女はむしろ面白い話として聞いただけだと思うんだ。

ただ、何かあったらすぐに知らせてくれるように、それだけは約束してもらった。それから「三の数に気を付けろ」って。

なぜかというと、霜島さんは、三年間住人のいなかった三角形の建物の三階に住んでいて、次の更新で三年目を迎えようという時期に、彼女自身三十三歳になろうとしていたわけ。

三という数字は、呪術的《じゅじゅつ》にとても強い数字だからね。その分だけ、拘束力も強いのよ。それがこれほど重なっているというのは、ヤバいと思ったんだよね。

とにかく、何かあったら電話をくれ、と。それで、その日は別れてね、暫《しばら》く様子を見ることにした。もし、そこがマジなところだったら、これで多分、悪意とやらが顕在化してくると思ったから。

呪《のろ》いにしろ、何にしろ、そういうものに本当に取り込まれている人って、自分の状況に気がつかないの。で、そのまま駄目になってしまう人もいるし、あるとき、気づいて助かる場合もある……。要は、本人次第なんだよ。

だから、話を聞いて、彼女が少しでも注意をするようになってくれれば、絶対に何か起きる、と踏んだ。もちろん、何も起こらなければ、すべてこっちの杞憂《きゆう》ということで終わるしさ。

でも、三角屋敷の一件は、私の中では完全な現実だったから。

あるとき、私、奈良に行く機会があったのよ。それで石上《いそのかみ》神宮に行って、「玉のを」の御守りというのを頂いてきた。普段はあまり遠方の神社の御守りは受けないんだけど、そのときは急に目について。

「玉のを」って、魂の緒のことなんだよね。で、その御守りは、魂を肉体にしっかり結ぶというものなのよ。見た途端、「これ、霜島にいいな」と思って。

だって、見たのは命数を捧げる夢でしょう。だから、魂を取られないように、「まだ引っ越せないんだったら、せめてこれだけは持っていろ」って渡したの。

ところが、彼女、それで安心してしまったみたいで、このままそこに住み続けてもいい、というようなことを言い出した。三年目の更新を、三十三歳でやってもいいって。

冗談じゃないよ、って思ってさ。

その頃、霜島さんの周辺では、現実的な意味での小さなトラブルが発生し始めていたんだな。悪い影響が出始めていた感じだったから、余計、私は嫌な気持ちになったのね。で、また霊能者さんに相談をした。

まぁねぇ。傍《はた》から見れば、お節介もいいとこなんだけど。友達だしねぇ。場所の怖さも、逃れる手段も知っていたのに、助けられなかったなんてことになっちゃったら、私自身、へこたれちゃうよ。知人がひとり、運の悪いことになったというだけじゃ済まないし。

それで、霊能者さんに「なんとかならないか」と訊《き》いたらさ、「早急に、助ける手段はある」と。

「でも、相手に気づかれたら終わりだし、加門さん自身もかなり危険なことになる」

「どういうこと」

「霜島さんにも、相手にも気づかれないように、加門さん自身が行動するなら」

「何をするの」と訊いたらさ、「それは加門さんがやる、と、誓約してからじゃないと教えられない」って。

　多分、私、目が泳いでいたと思うんだよね。助けたいとは思うけど、私自身、命を賭《か》けてまでやるか？　って。

　いや、命を賭けるほどかどうかは知らないよ。でも、ともかく、ありとあらゆる恐ろしい想像が、頭の中を駆け巡っちゃって。

「私は素人なんですけど」とか「彼女もそろそろ、あの家から出たいと思っているはずだから」とか。完全に及び腰になっちゃったのよ。助けたいとか言ってる割には、情け無い。

　だけど、本気でビビッたの。そうしたら、さすがに霊能者さんも笑い出しちゃって、

「まぁ、無理だよね」「うん。無理、無理」って、その件は無しになっちゃった。

　そういうわけで結局、方法は教えてもらえないままなんだけどね。何をしろっ

て言うつもりだったんだろう……。

それはともかく、これじゃ相談した意味がないから、「他に方法はないですか」って、私、食い下がったの。そうしたら、

「そうだなぁ。後は、彼女にもっと不幸になってもらって、呪いを実感させるしかない」

「それ！　そっちで行きましょう！」って。酷《ひど》いよね、私……（笑）。

友達甲斐《がい》があるんだかないんだか、わからない展開になっちゃったんだけど、結局、ちょっと黒い方法を選んで、またまた、様子を見ることにした。

案の定、少しするうちに、霜島さんの抱えていたトラブルが悪化して、私はその愚痴を聞く度に、「早く家から出たほうがいいよ」と脅しをかけて（笑）。

だけど、怖がり始めてはいるものの、霜島さん、まだ引っ越そうとはしなかった。ある意味、トラブルが裏目に出たというか、仕事が大変で、すぐに引っ越しの段取りが付けられる状況じゃなかったんだ。けど、その間にも、周りの状況はどんどん悪くなっているというか……。

それから暫くして、また怖い夢を見たという電話があった。

霜島さんは全部が真っ白に塗られているどこかの家の中にいて、そこに女がひとりいる。その女が彼女に「食われろ」というような意味の言葉を吐いた、と。

そうすると、天井や壁から、うじゃうじゃと大きな蚕《かいこ》が湧き出してきて、彼女と妹に襲いかかってくる。蚕は彼女達の皮膚を食い破って、霜島さんは血を流しながら、逃げて逃げて、目が覚めた、と。

怖い夢でしょう。

その夢の話を電話で聞いている最中、我が家のキッチンからガッシャーンって、物凄い音がしたんだよ。

私、びっくりして、「ごめん、ちょっと待って」って、電話を置いて様子を見に行ったらさ。キッチンの棚に置いてあった塩入れが吹っ飛んで、塩が床一面にばら撒《ま》かれている。

棚から落ちた、というんじゃないの。塩の容器は流しの向こうにあったから。何かの弾みで落ちたなら、塩は流しの中に入るべきなんだよね。なのに、塩入れはまるで突き飛ばされたみたいに廊下まで吹っ飛んでいて、塩が全部零《こぼ》れている。家にいた母親も、もう仰天していてね。

塩はまぁ、お清めだからね。我が家の防衛だったのか……。ともかく普通なら、私、一旦、電話を切って片付けるんだけど、そのときは、そうしちゃダメだと思った。

ここで電話を切ったら、霜島さんは続きを話さない。話しても、いい方向には行かないだろうって感じたの。だから、母親に、「今、とても大事な電話しているので、片付けは手伝えないから」と言って電話に戻った。

霜島さんは「どうしたの」って訊くんだけど、「別になんでもない」って言ってね。話を最後まで聞いた。

霜島さん、さすがに怖がってってね。

「蚕って、サンって読むんだよね。三だよね」って。

確かに、それもひとつ、ある。だけど、私はそのとき全然、別のことを考えていた。これ、蠱毒《こどく》じゃないの、って。

蠱毒というのは、ご存じのとおり、動物や虫を使ったブラックマジック。日本では狗神《いぬがみ》とかが有名だけど、元々は中国道教の呪術のやり方なんだよね。特に蚕は、道教では最強の蠱毒だって言われているの。

それは金蚕蠱《きんさんこ》って言う……。

ほら、霜島さんが最初に見た夢で、韓国か中国の御廟《ごびょう》みたいな場所が出てきたって言っていたでしょ。蚕を使うやり方は日本ではほとんど例がないけど、もし、相手が道教系の呪術を使っていたならば、それは有りだと私は思った。

それに、もうひとつ。

私、色んな動物番組をほとんど欠かさず見ているからさ、蚕って言われた途端、その姿がはっきり浮かんだんだよ。それと、霜島さんが最初に見た夢が重なった。白い服を着てグニャグニャとした、精神障害の子のイメージ。それと蚕って、すごく似ている気がするって。

そしてその後に出てきた白い服を着た女と、白い服に黒い帯・黒い冠を着けた男。蚕の成虫って、白っぽい翅《はね》を持ってるの。しかも雄は、白い翅に黒い触角を持っている。そっくりなんだよ、イメージが。

霜島、アンタが夢の中、道で拾った子供ってのは、蠱毒の幼虫じゃなかったのか、って。それで今、アンタに嚙《か》みついてきた蚕というのは、カイコガ夫婦が産んだ子供じゃないのか、って。

そんな想像が次々に浮かんで、あわわわわ、と。

しかも、金蚕蠱ってさ、最初に術にかかった奴を富ませてから、心身を食い尽くしていく、ってものなのに、霜島さん、仕事すごく順調だったし……。もう、ハマリ過ぎって感じでさ。

でも、金蚕蠱の詳細は、霜島さんには話さなかった。だって、私の推理が当たっているなら、仕事の調子が良いのは呪《のろ》いのせいだということになる。そんな失礼なこと、言えないよ。状況が変わった今だからこそ、こうやって話せるんだけど。

幸い、あの家から出たのちも、彼女はちゃんと小説書いて暮らしているしね。

結局、金蚕蠱の正否はわからない。

霊能者さんにも金蚕蠱のことは訊いたけど、それが的を射ているかどうか、結局、その人は言わなかったし。ヤられる前段階として、運が強くなることがあるとは言ったけど。まぁ、これは、私の考え過ぎということにしておきたいね。

ともかく、「マズいよ。もう、わかったでしょ。怖いでしょ。早く、そこを出て」と言って、電話を切って。私は速攻で霊能者さんに連絡をした。

「すごい怖いことになってるんです」って夢の話を伝えたら、霊能者さん、「こっちも妙な夢を見た」って。

夢の中に男が出てきた、と。男が三角形の大きなケーキを持ってきて、「はい」って、妙に明るい感じで、自分に差し出してきたんだ、と。

相手の男がどんな奴かは、霊能者さんは一切、語らなかったね。言う必要がない……というか、あまり具体的に知らないほうがいいということだと思うけど。

何にしろもう、洒落《しゃれ》にならない。三角形のケーキって、つまりはあの建物だよね。てことは、こっちにもあっちにも、相手の目が光っている。見張られているということでしょう。打つ手ないじゃん、って思ってさぁ。

そうこうするうちに、霜島さん、遂に三十三歳の誕生日を迎えたの。で、その日か翌日か、彼女から電話がかかってきた。

「変なケーキが届いた」って。

これは現実の話だよ。宅配便でケーキが届いて、その送り主が自分自身、しかも本名の自分からなんだって。当然、彼女には覚えがないし、誰かの悪戯《いたずら》かと思って心当たりに電話をしても、誰もケーキなんて送っていない、と。中はチョコレートケーキとチーズケーキ。そう。またもケーキなんだよね。

で、「それって、葬式の色じゃん」と、私はまず言ったのよ。幸い霜島さんはまだ、ケーキを食べていないと言うので、「絶対に食べちゃいけない。処分に困るんだったら、大家にでもくれてやれ」って。

この件に、大家が荷担してるかどうかは知らないよ。けど、私としては呪詛《じゅそ》返しの気分だったよね。彼女、本当に大家にあげたらしいんだ。

ともかく、その前後から状況が加速していって。ケーキの件から数日後、霜島さんは寝ている最中、夢現《ゆめうつつ》で金縛りに遭ったのよ。

何かが上に乗ってくる。それを必死で撥《は》ね除《の》けて、机まで走って、私のあげた「玉のを」の御守りを手に取ろうとして……夢は振り出しに戻ってしまう。それで、もう一度金縛りを解いて、机まで走って、御守りを取ろうとして……というのを繰り返して。夢の中、御守りを取れなかった、と。

話を聞いたときは、ゾッとすると同時に、なんで御守りを枕元に置くとか、肌に着けるとかしてくれないんだよぉ、と、ちょっと腹を立ててしまった。でも、引き戻される――つまり、取るのを向こうが嫌がるってことは、御守りは効き目があることになる。私は「今夜はちゃんと枕元に置いてよ」と言ったんだけど。ちゃんとしてくれたかどうかは忘れたなぁ。

でもね。蚕の夢、ケーキ、金縛りと立て続けに起こって、良かったんだ。霜島さんがそういうものにリアリティを持てば持つほど、こっちは強くなれるんだから。相手が焦って色々したのが、裏目に出たというわけよ。

遂に、彼女はそのマンションを引き払う決意をしてくれたの。で、物件探しをしている最中、霜島さんはまた、夢を見た。

マンションの外へ出ようとしたら、外がドロドロに泥濘《ぬかる》んでいる。そこで、靴が片方脱げて、見当たらなくなってしまう。すると、知らないお兄さんが靴を探し出してくれてね、彼女は家に戻っていく、と。

私はそのとき、「お兄さんはきっと、助けてくれる人だよ。もう出られるよ」と言ったんだけど、霊能者さんに訊《き》いたらさ、

「そんな沼地に建っている家そのものが悪いでしょう。しかも、本人、まだ状況に気づいていない。どうして、そこに戻っていけて喜ぶんだ」と。

ああ、そうか、って私は不明を恥じたよね。とにかくまだ、悪い状況は続いているらしいんだけど、もう、家を出るのは決まっていたから、後は追いつかれないうちに、ずらかれるかどうかというだけだった。

それで、到頭、引っ越しが決まって……。

これは後で聞いたんだけど、引っ越しの当日も色々あったみたいだね。引っ越し業者が来なくて電話をしたら、予約が入ってないと言われて、日を改めて頼んだり。それで漸《ようや》く業者が来たら「この家、何かあったんですか」と訊かれたり。

ともあれ、家からは出られたんだ。でも、彼女がとても大事にしている博多《はかた》人形、その人形の首が取れてしまった。

特別に包装して、他の荷物とは別にして、膝《ひざ》に乗せて運んだのに。包装を解いたら、首がぽろりと落ちちゃって。鋭利な刃物で切られたように、スパッと首が切られていた、と。

彼女はすごく怖がったけど、「あんたの身替わりになってくれたんだよ」って――本当にそう思ったの。

「人形は供養してあげてね」って言って。

霜島さん、きちんとしてくれた。

三津田　うーん。改めて聞くと、やっぱりすごい話だな。

加門　もう、参ったよ。話すのも疲れる。
三津田　確か後日談があったんじゃ。
加門　霜島さんがマンションを出て、少しした頃。知人が家を探していたの。そうしたら、不動産屋から物件についてのファックスが入って、その人、私に「家相を見て」って、ファックスをこっちに送ってきた。
なんとそれ、例の三角屋敷の……霜島さんが入っていた部屋だったんだよね。
私、もう、キレちゃって、「ぎゃはは。ここはダメダメダメ」って。
まぁだ、続いているんだよ。
三津田　その執念深さは、怖いという以上にすごい。その後は特に……。
加門　うーん……。
三津田　えっ？　まだ、続いてんの？
加門『日本怪奇幻想紀行』の六之巻に載せたでしょ。あれがまずかったんだよねぇ。
三津田　ま、まさか……来た？
加門　あの件、私の知り合いの霊能者に頼んだって言ったでしょ。あの人、普段は全然そういう本とか読まない。ところが突然、電話がかかってきて、「また、あいつが来たんだけど、何かあった？」って。

「どうしたの」って訊《たず》ねたら、夢で、霊能者さんにケーキを差し出した男がいたでしょ。そいつが、またもや三角形の三段の白いケーキを持ってきて、「お前が食え」って出してきたって。

三津田　えっ、それ夢？

加門　夢の中で。それで、霊能者さんは三角屋敷のことを思い出して電話してきて、「どうしたの」と訊かれてね。

『同朋舎の本（『日本怪奇幻想紀行』六之巻）に、霜島さんの原稿が再録されたんだ」

「馬鹿だねぇ、なんで」って怒られた、私。

三津田　ほんま？　私は関係ない。

加門　あるでしょう。

三津田　いや、私はただの編集者だから。

加門　逃げないの（笑）。

霊能者さん曰《いわ》く、「あの件は霊的なものだけど、実際にやっている奴がチェックしているんだから、出すんじゃないよ」ってさ。

三津田　チェックされてんの、あの本？　えっ、その男って三角屋敷の施主かなんか？

加門　それは私には、わからない。ただ、霊能者さんの夢に出てきたのは男。三角形の白いケーキを出して、「お前が食え」って。
三津田　えっ、チーズケーキとチョコレートケーキの白黒じゃないの。
加門　あそこのマンション自体は、白っぽいマンションだからね。
三津田　本に掲載されるのは、やっぱり嫌なのかな。
加門　嫌なんだろうね。
三津田　まぁ確かに妨害だものな。彼の商売というか実験の……。
加門　そうそう。
三津田　でもそれ、普通に生きている男でしょ。
加門　多分。
三津田　男自体が何かある？　邪悪な気というか、そういうものを持っているのかな。
加門　当然、持っているでしょう。しかもちゃんと、できる奴だし。今だから言うけどさぁ、同朋舎の原稿、他の本より殊更マズいよ。
三津田　なんで、なんで？
加門　脚注が。
注のところで術がどうこうって結構、解説してるでしょう。注としては当然な方法とは言うものの、あれ、霜島さん自身がオカルト的意味を了承しているみたいな書き方になってる。
三津田　あぁぁぁ。
加門　だからさ。
三津田　で、となると……。
加門　そうしたら、向こうは彼女自身がわかっているって解釈するでしょ。もし、霊能者さんの存在を向こうが感知してたなら、霜島自身ができる人で、あの原稿に出てくるSや霊能者は、霜島さんが他者にかこつけて語っていた、とも深読みできる。ま、これは考えすぎだろうけど。
でも、私もあれ読んだとき、ちょっとヤバいなと思ったもん。向こうを煽《あお》らなきゃいいなって。
三津田　煽るって？　向こうを煽る？
加門　刺激するって意味でね。
三津田　こいつ生かしといちゃまずい、みたいな。
加門　霊能者と同一人物とまでは思われなくとも、知っているのか、となれば、素人扱いはされなくなるでしょ。
三津田　霜島さんが、そういう能力をわかっているというか、持っているというか、妨害するかもわからない、と。

加門　やっぱりねぇ。『幻想文学』よりは部数もいっているだろうし。

東　ふん、悪かったな、マイナーでよ。

三津田　いえいえ素晴らしい雑誌です。ここにもコアなファンがひとりいますので（笑）。ただ、編集者としては当然あれを読んでいる人も読むだろうから、『日本怪奇幻想紀行』の六之巻ではより情報を増やして、最初の原稿に載っていない怖い話を入れて、と思ってやったわけです。いわゆる決定版みたいな形にしたいなと。本当は加門さんも参加してもらいたかったけど、それはできなかったからね。しかし、そうかぁ……。でも一番最初のほうの注は、霜島さん伝聞なんだよ。「私は知らなかったけど、三角のこういうのは良くなくて」って書いているから。

加門　だから、余計にマズいんだって。注の一部だけが伝聞形式。とすると、伝聞じゃないところは、霜島がそういうことを前から知っていた、みたいに読めちゃうんだよ。捧《ささ》げた蠟燭《ろうそく》の数を端折《はしょ》ったのは、知ってて、わざとやったんだって。

三津田　あぁ、そうかぁ。あのシリーズが六巻で止まったというのも……。

加門　なるほど？

三津田　あれ、本当は九巻まで考えていたから。あの前の企画『ワールド・ミステリー・ツアー13』が全十三巻の各巻十三章。『日本怪奇幻想紀行』は九巻だったから、各巻が九章になっていたでしょ。
加門　私も正直、この本は早く、この世から消えて欲しいと思ったし（笑）。
三津田　だってあれ、朝日新聞の書評載ったんだよ。
加門　そうしたら、やっぱり買う人増えるでしょ。建築っていったら、そういう連中は見るでしょう。
三津田　あのねぇ、やっぱり一巻と二巻は売れたね、最初だから。三と四と五はそこそこ。四之巻が「芸能・見世物録」で、あれも朝日で紹介された。テーマが面白いし類書が少ないからね。ただ、あんまりセールスに結びつかない。ところが六之巻は朝日の書評に載ってから、部数は伸びたんですよ。だからそういう意味では、ちょっとまずかったかなと。
加門　最初、この本に「絶対三角屋敷は載せたくない」と言ったのも、それがあるんだよね。こっちに入れたら……、私が……。
三津田　しかも本書のほうが部数は絶対出るし。
加門　そうかなぁ。
三津田　そりゃそうだよ。『日本怪奇幻想紀行』の六之巻は建築をテーマにしたんで、他にいろんなものが混ざっているけど、本書は純粋な怪談で、なおかつ加門七海の単著でしょ。売れるよ。

加門　そりゃ知らん。
三津田　すくなくとも『日本怪奇幻想紀行』よりは売れるから。それに読者層が広い。となると、反響も大きい。
加門　そうなったら、余計にヤバい。
三津田　そうかぁ。
加門　怖いんだよ。あの家……。
三津田「お前が食え」か……。
加門　嫌でしょ。びっくりしちゃうよね。
三津田　その霊能者の人、その夢の後でなんかしたわけじゃないよね。
加門　知らない。防御策はしたかもね。私とは「この間、本に出てたんだよ」って話しただけ。向こう、絶句してたけど。
三津田「馬鹿か、お前は」と。
加門　そうそう、「なんでお前がそれを許す」と。「だって私が書くわけじゃないし、私が許可する問題じゃないじゃん」って。
　でも、霜島さんには「なんで伝聞形式にしなかったの」とは言ったんだ。けれども、彼女にしてみれば、普通に仕事しただけでしょう。「だって、三津田さんが注を付けろってうるさいんだもん」って。

三津田　うーん、ごめんなさい。しかし、そう考えたら、霜島さんも運がいいのか悪いのかわからんな。まぁそんなことはしないけど、あれは意図的に引っ張ろうと思えば引っ張れる。前にも言ったかもしれないけど、長いひとつの話で一本の実話怪談本というのを企画・編集したいと思っているんだけど、ないんですよ良い話が。一番近い例でいうと、稲川淳二《いながわじゅんじ》さんの『生き人形』ですか。あと『幽霊物件案内2』の最後の少し長い話があったでしょ。あれなんかまだ現在進行形らしいので、小池壮彦《こいけたけひこ》さんにも「そういうネタ」についての企画は話してある。ただ、そう簡単にできるものではないから、「取材をしている中で、手応えがありそうだったら連絡してください」と何人かに依頼するくらいで。ただなぁ、三角屋敷は意図的にやってもなぁ。

加門　やめて。

三津田　テレビ番組の阿呆《あほう》なスタッフから電話がかかってきたときに教えて、そこにスタッフを住まわしてドキュメント撮らせれば良かったかなぁ。実際、電話は多かったんですよ。「どこか教えてくれ」って。こういう企画の本を出すと、必ず複数のテレビから電話が入りますからね。ただ、彼らのやり方はわかっているから、まず教えない。あれは確信犯的に教えれば良かったか？　でもまぁ、放送できないような事態になったら終わりですけどね。

加門　まぁね。恐過ぎ。
三津田　本当の呪術《じゅじゅつ》的な舞台だものな。確信犯でやっているわけだから、それはそうだわな。
加門　だわね。
三津田　収録始める前に、ショートケーキを食べたいと言っていたけど、駄目でしょう。
加門　食べたいんだよ。
三津田　ケーキとか全部駄目だろ。
加門　そういう問題じゃないよ。
三津田　モンブランとかなら、いいか。
加門　私はケーキの中で、ショートケーキが一番好きなんだ。
三津田　苺《いちご》が載っているから、ちょっと形状は違うけどね。
加門　ね、……って、なんの話をしているの（笑）。
三津田　住んでどうにかなってしまった人って、やっぱりいるのかな。わからんけど、霜島さんの向かいの夫婦とか（『日本怪奇幻想紀行』の原稿の最初に出てくる夫婦）、どうなったか興味はあるんだけど……。
加門　ああ。霜島さんが引っ越した後、急に家賃が倍に上がったって、彼女に電話をしてきた夫婦ね。
三津田　ヤバいな。まぁ、私と加門さんは、又聞きだから……。
加門　又聞きだけどね。そう安心はできないよ。
三津田　なんで？
加門　第一夜のとき、ちょこっと、この話をしたじゃない。で、そのときは結局、載せない方向で、ってことになったよね。ところが、それからまた霜島さんと電話で喋《しゃべ》っているとき、「そういえばこの間、飼っている猫がいきなり何もない空間に向かって、しきりに騒いでいた」と言うんだわ。
　壁の一点を見て、毛を逆立てて唸《うな》ってね。じりじり後じさったって。
　私、聞いたとたん、ちょっと待て！　って感じになってさ。
「それって、いつ？　いつ？」って訊ねたら、正確な日付けは、彼女、忘れてたんだけど、ちょうど第一夜の頃なのよ。
三津田　ほんま？
加門　それで、またまた慌てて霊能者さんに電話をしたの。そうしたら、「ここまで引っ張るなら、もう話してしまえ」って。
三津田　どういうこと？
加門　今まで世に出た原稿って、霜島さん側のみの視点のものと、変な文章書いた私の匿名エッセイだけでしょう。私、エッセイ自体、かなり端折ったり、歪曲《わいきょく》して書いたんだよね。当時の私としては、相手の気を逸《そ》らしたいという気持ちがあったんだけど、霊能者さんに言わせると、中途半端なほうがマズいって。だから、

「霜島さんの知らない顛末《てんまつ》も全部書いて、裏を語ってしまったほうがいい」って。私は霊能者さんが心配だったんだけど、「大丈夫」って言ってくれて……それで、今日、語ることにしたんだな。

考えてみたら、本当に、そのほうが楽になれるんだよね。結局、霜島さんは一被害者だし、私は霊能者さんと霜島さんの仲介をしただけだし。立場が明確になれば、これ以上、引きずり回すのは理不尽だって、向こうもわかってくれるんじゃない？

だから、今回、すべての顛末を世に出して、完全にチャラにするつもり。

まぁ、向こうの最大の誤算は、実験台だった当事者とその周辺が、物書きだったということだろうね。

蛇足　第三夜の最初に、実は第三夜は二回目で、一回目の第三夜は収録したＭＤに

何も入っていなかったという話をしました。あれは今でも、単なる三津田の操作ミスだと思っています。ですから二回目の第三夜は、何度もテストをして収録に入りました。ところが、第三夜の話がほぼ終わり、いよいよ取りの「三角屋敷を巡る話」というところでMDがちょうど切れ、新しいディスクに入れ替えて収録したところ……何も入っていませんでした。「お前の操作ミスやろ」と言われれば返す言葉はありませんが、MDが正常に機能していたのを、同席いただいた東さんにも確認してもらってます。東さんをお呼びしたのには、実はそういう裏の意図もあったのです。本書に収録した「三角屋敷の話」は、記憶を頼りに書き起こした原稿を、加門さんに加筆・修正していただいたものです。一度ならず二度までも、加門さんには大変なご迷惑をお掛けいたしました。それともうひとつ不思議で仕方ないのは、収録をミスした一回目の第三夜の話を、三津田が尽《ことごと》く失念していることです。これも「お前の物覚えが悪いだけやろ」と突っ込まれればそれまでですが、本当に綺麗《きれい》さっぱり記憶から抜け落ちているため、どうしても腑《ふ》に落ちません。加門さんのように何かが見えたり、感じたりといったことは一切ありませんが、今回の収録で奇妙に思ったのは、以上の二点でした。

あとがき

もう勘弁してくれよぉ。と、あとがきから読んでいる人には意味不明なことを最初に書いて。

どうも。加門七海です。世の中の人々がどのような世界で暮らしているかは存じませんが、私は幽霊・妖怪《ようかい》・霊能者がゴマンといる世界で暮らしております。

しかし自ら体験した怪談のみで、一冊の本にまとまるとは思ってもみなかったことでした。我ながら呆《あき》れてしまいます。これでも余所《よそ》に記した話や細かいネタ等、大分、削ったのですが。同時に我が身を振り返り、自分の気の短さと乱暴な性格にも呆れ果てました。幽霊が出ても、大概は無視するか怒って終わりだもんなぁ。人前に出てくる幽霊は救いを求めていると聞きますが、とすれば、私みたいな人間に救いを求めてきた霊は不幸という他ないですね。どうぞ、他を当たってください。

見えない連中と暮らすことは制約もあるし、不便なことです。だから本当は幽霊なんぞ見ないほうがいいのだと、私は常々考えてます。けど、物心ついたときからこういう生活をしていると、怪現象も人生の一部。今更、見なくなってしまったら、さぞかし寂しいことでしょう。彼らにもちゃんと善悪がある。人付き合いとおんなじで、りまあす。

悪人や変態はゴメンだけれど、気の合う連中とは末永く付き合っていきたいものであります。

ちなみに、この本。第一夜から最後に行くに従って、私の口調、乱暴になっておりますすな。特に二度目となった第三夜はかなりざっくばらんです。半分、グレての所業ですが、語り下ろしというコンセプトにつき、そのままにしておきました。悪しからず。

また、当然のことながら、記されている場所や霊能者に関しては一切、お答えできません。この点もご了承くださいませ。

しかし。三角屋敷には、ほんっっとうに！　参りました。霊能者さんからは「最後まで気を抜くな」と言われていたのですが、私がどんなに気を引き締めても向こうには通用しなかったようです。録音を二度消されたのにも参りましたが、そののちも実に様々な恐ろしい目に遭いました。オカルト的な事象にはかなりの経験を積んだつもりでいたのですが、まさか真っ青になって震える羽目に陥ろうとは……。以下、この本を読むであろう三角屋敷関係者へのメッセージです。

「事の善悪はともかく、あなた（あるいはあなた達）の力にはまったく恐れ入りました。しかし、拙著を一読くだされればおわかりのとおり、私はただ友人を助けたかっただけなのです。そして自分を護りたいだけ。これ以上、この件に関わるつもりはありませんし、表に出すつもりもありません。しかしながら、今後もあなたが執念深く付きまとうなら、当方もこの件を蒸し返さざるを得ないことになります。ですので、もう、お互いに距離を置きたいと思います。どうぞ、ご理解くださいませ」……頼みます、ホント。

最後になりましたが、編集者というよりは怪談の友である三津田さん、そして同じく怪談好きの東さん。長い夜をお付き合いくださいまして、本当にありがとうございました。そして、本書を手に取ってくださいました皆様も。私の話が一晩の退屈しのぎになれば幸いです。

平成十四年七月吉日　　　　加門七海

文庫版あとがき

この度、めでたく『怪談徒然草』が文庫になることになりました。

文庫で初めて手にとって下さる方も、奇特にも両方自宅に連れ帰って下さった方も、楽しんで頂ければ幸いです。

本が形になったのは、三年ほど前になります。今だからこそ言いますが、当時、私はこれを最後に、実話系の怪談からは足を洗おうと考えてました。

私の場合、誰かから話を収集するのではなく、自分の身辺に起こったことを書く……というより話してまとめるわけです。この本の前に『文藝百物語』（角川ホラー文庫）にて体験をペラペラ喋《しゃべ》っていたこともあり、

（そんなに持ちネタないしなあ。いっそ、今度の本で全部喋って、おしまいにしてしまおうか）

そんな風に考えて、『怪談徒然草』をまとめたのでした。

しかし、世の中、そうそう自分の思うようにはならないものです。

結局、拙著を機に私はすっかり「オバケ見女」になってしまい（笑）、いまだ、ところどころで体験談を語っている次第です。

まあ、ネタが尽きないなら、別に構わないのですけどね。

なんで、ネタが尽きないのかなあ……。

さて。

今回、まとめ直すに当たって、少し中身を整えました。単行本では完全な対話形式だったのですが、あまりに一部ノリが軽くて、「怪談として、どうよ」という箇所もあったため、ご覧のごとく対話部分はコラム風に抜粋し、話者の名前を入れ込みました。大分、すっきりした感じになって、本人、満足なのですが。

ええ、そうです。最終話「三角屋敷」の話だけは、当時のままになってます。

だって。

だって、怖いんだもん！

単行本版「あとがき」でも少し触れましたが、あの一件に関しては、本当にひどい目に遭いました。私にとっての本番は霜島さんにお節介を焼いていた段階ではなく、話を本にまとめると決まってからだったのでした。

本気で死ぬと思いました。その恐怖は今でも拭《ぬぐ》えません。既に完全なトラウマです。ゆえに今回、原稿を前にどうしても、私は「三角屋敷」の話を文字通り、正視できなかったのです。

いいえ、一応は頑張りましたよ。この箇所だけ、文章形態が違うなんて、おかしいですからね。しかし、眺めるだけで気分は悪くなるし、手を入れようとすると足音はするし。自分の恐怖が精神に触れているのだと言い聞かせても、直すどころか文章をまともに読むことも叶《かな》いませんでした。

そして結局、力尽き、私は編集者さんと三津田さん、東さんに泣きついて、文頭に名を入れることと誤字等のミスを直す以外、本文にはこれっぽかしも手を加えないことにしたのです。

そう。あれは「完全封印版」だから……。

文庫化に当たって、後日談を期待した方もいるようですが、すいません、そういうわけで今はまだ、私は「のちの三角屋敷」を語る気持ちにはなれません。

あの「事件」に関して思うことは、山のようにあるのですけどね。

あと十年もしたら、どこかでボソッと喋れるかも知れませんけどね……。

あ、でも、ひとつだけ、比較的無難な話をしましょうか。

メディアファクトリーでの出版は、二〇〇二年の八月でした。しかし、あれ、当初は七月に出版されるはずだったのです。

原稿が手許《てもと》にあるときは、周囲に心配されるほど窶《やつ》れ果てていた私ですが、その恐怖をなんとか乗り越え、無事、六月には脱稿しました。

その間、担当編集者さんにもイロイロモロモロあったため、印刷所に入稿したときは、本っ当にホッとして、互いに声を上げて喜びました。

「これで印刷所に何かなければ、ついに解放されますねえっ！」

――まさか、その何かが起こるとは。

前代未聞。私の本は初刷りすべての裁断サイズを間違えられて、滅茶苦茶になってしまったのでした。

このエピソードは直接、私が現場にいたわけではないので、こうして記してみましたが、これでまた出版が遅れても、ええ、絶対に、何がなんでも、私のせいではありません。

ともあれ、「三角屋敷」は激しすぎます。

性懲《しょうこ》りもなく、怪談はいまだ大好きなワタクシですが、あれ以来、少し及び腰になった感は否めません。

最後になりましたが、臆病《おくびょう》ゆえの我《わ》が儘《まま》につきあって下さったH編集さん、三津田信三さん、東雅夫さん、本当にありがとうございました。

そして、読者の方々も。

この本が災いの元とならずに、一夜の楽しい退屈しのぎになれば幸いに思います。

平成十八年三月吉日　　加門七海

三度目のあとがき

単行本が世に出てから二十年。文庫になってから十六年。

読み直して思うのは、昔のほうが恐れ知らずだったなあ、ということだ。

私は体験するゆえに興味を抱き、経験するゆえに書いてきたのだが、ここ数年、原稿に起こせる話が減ってきている。以前だったら、躊躇《ためら》いもなく書いたに違いないことも、つい憚《はばか》ってしまうのだ。

理由のひとつは、語れない体験が増えてきたことだ。

誰かの顔色を窺《うかが》って遠慮しているわけではない。実際に、語れない。

たとえば、こうだ。

先日、怖い目に遭った。短い話だが、視覚的にも鮮明で、かなりのインパクトを持っていた。私はその話をまず、知人に語ろうとした。しかし、肝心の部分に差し掛かったとき、声が出なくなってしまったのだ。

喉奥《のどおく》が詰まって言葉が出ない。空唾《からつば》を呑《の》み込むことしかできない。

尻切《しりき》れトンボになった話に、知人は首を傾げている。しかし、続きは話せなかった。

まるで話している最中《さなか》、金縛りに遭ったような感覚だった。

（こんな話は世に出せない）

そう思うことが増えてきたのだ。

もうひとつの理由は、話が終わらないことだ。

怖い話になればなるほど、縁が切れないと語れない。ところが、ここ数年、いつまでもひっぱる話が多く出てきた。

「三角屋敷」の後日談も、突き詰めれば似たようなものだろう。未《いま》だあの話を口にできないのは、終わっていないからに他ならない。

いや、最早《もはや》、私が頑張って語らなくてもいいのかも知れない。

世に不思議はあるのだとムキになっていた時期もある。けれども、今は書籍にしろ語りにしろ、怪談のプロは増え続けている。その盛況を思うなら、私が声を大にせずともいいのではないかと考える。

もちろん、足を洗えるとは思っていない。

前回、前々回と、本書を上梓《じょうし》する前後、おかしなことが起こったが、今回も些細《ささい》な怪異が起きた。

校正ゲラに、赤ペンで修正を入れようとしたときだ。ペンがするすると逃げてしまった。転がったのではなく、横に三センチほどスライドしたので、一瞬、固まってしまったが、

「いやいや、ただの誤字だから」

そう言って、ペンを取り直したら、それ以上のことは何もなかった。

……つきあいは続いている。ゆえに、語れる話は語っていく。お化けとのご近所付き合いは決して怖いばかりじゃないから。

最後になりましたが、池田早秋《いけださき》先生。突然のお願いにもかかわらず、素晴らしい装画をご提供下さり、ありがとうございました。

また、長いつきあいならではの解説を記して下さった東雅夫《ひがしまさお》さん、新装版を世に出して下さった編集者吸血Kさん、三津田信三《みつだしんぞう》さん、そして本書を手に取って下さった皆様にも、心よりお礼申し上げます。私の話が一晩の退屈しのぎになれば幸いです。

二〇二二年　七月吉日

加門七海

解説

東《ひがし》　雅《まさ》　夫《お》（アンソロジスト）

加門七海さんと初めてお目にかかったのは、たぶん『ホラーウェイヴ』（ぶんか社／日本初のホラー文芸専門誌）の頃だから、かれこれ四半世紀の昔となる。

とりわけ、怪談文芸専門誌『幽』（二〇〇四年創刊〜二〇一八年終刊／メディアファクトリー→角川書店）の起《た》ちあげ・運営に際しては、なにせ御専門が御専門だけに、ひとかたならず、お世話になった。特に〈日本怪談紀行〉の連載では、レギュラー作家として、ほぼすべての取材に御同行いただき、名にし負う〈本物〉ぶりを、たっぷりと味わわせていただいた。

一例を挙げてみよう。

『幽』第四号の〈泉鏡花〉特集では、名作の舞台をたどる……という触れ込みで、岐阜と福井の県境に位置する山上の湖――〈夜叉ケ池《やしやがいけ》〉に登った。映画にもなった鏡花の名作戯曲『夜叉ケ池』の舞台である。登山自体も雨に降られて難儀したのだが、『幽』的な意味での本番は、下山したその夜に起きた。夜間は従業員も帰宅してしまう、登山者向けの宿であった。

深夜の午前二時を過ぎた頃だろうか。尿意を催した私は、サテどうしたものかと、寝床の中でしばし躊躇《ためら》っていた。理由は三つある。第一に、さほど差し迫った欲求ではなかったので、暗い外廊下の突き当たりにある共同便所まで出かけるのが億劫《おっくう》だったこと。次に、窓際の私が動くと、川の字で寝ている同行の編集者とカメラマンのアシスタントを起こしてしまうのが気遣われたこと。そして第三に、何となくではあるのだが、どうにも薄気味が悪かったこと……窓外は渓流と深い森、宿の内外を領する闇の深さは半端ではない。

そんなこんなで、トイレに行くか否か逡巡《しゅんじゅん》していたそのとき、廊下側に寝ていたアシスタントの青年が、突如、布団の中でモゾモゾ、ぶつぶつ言い始めた。最初はこっそり電話でもかけているのか……と半睡状態の頭で思っていたが、突然すさまじい絶叫を挙げると、彼は布団の上に跳ね起きた！　熟睡していた編集者も飛び起きるほどの大音声《だいおんじょう》だった。

「おいおい、どうした？　怖い夢でも見たのかい？」

二人が口々に問いかけても、よほど動顚《どうてん》しているのか、すぐには言葉にならない様子。やがて、至って遠慮がちに、彼はこう切り出した。

「すみません。部屋の電気を点《つ》けてもいいですか？」

結局、彼は本を読んだりして、朝までまんじりともせず、起きていたようだった。

翌朝、冷やかし混じりの問いかけに応じて、青年が語るには――。

夜中、なぜか急に目が醒《さ》めて、そのまま眠れなくなってしまった。寝床の中で輾転《てんてん》反側していたら、グィと肩を摑《つか》まれ、いきなり耳もとで、野太い男の声がした。何かを必死に訴えているようなのだが、うまく聞き取れない。驚きと恐怖で大声を上げたら、男の気配は消えたが、怖くて堪《たま》らないので、朝まで電灯を点けっぱなしにさせてもらった。こんな体験は生まれて初めてです……そう語る青年の表情は、まだ少し強《こわ》張《ば》って見えた。

さて、ここからが、われらが加門さんの出番である。起きて宿の食堂に出て行くと、加門さんは、すでに身支度を調えていた。

「いやあ、昨夜は男子部屋、えらい騒ぎでさあ……」

「あ、やっぱりィ!?」

予想外の反応に二の句も継げずにいる私に向かって、涼しい顔で加門さんは続けた。

「昨夜、帰宿したときに、あれ、一人増えてるな……と思ったのよ。みんなを怖がらせても悪いから、そのときは黙っていたんだけど。そうしたら夜中に、怪しい男（生きた人間に非《あら》ず）が私のとこに来たからさ、ええい、安眠妨害だ、あっちへ行けえ！

と怒って追い払ったら……そっちに行っちゃったのね（笑）」

加門さんと違って、怪しい体験の類《たぐい》とは根っから無縁な私だが（加門さん曰《いわ》く「ヒガシさんは、お守りが強いからね」……ありがとう、三峯《みつみね》神社の御眷属《ごけんぞく》さま！）、この一夜の出来事だけは、いくら考えても腑《ふ》に落ちないし、道理に合わない。第三者も巻き込んで、たんなる偶然の一致で片づけるには、あまりにも符牒《ふちょう》が合いすぎているではないか……。


さて、本書『怪談徒然草』は、メディアファクトリーの単行本シリーズ〈怪談双書〉の一冊として、二〇〇二年八月に初版刊行された（文庫の初刊は二〇〇六年三月、角川ホラー文庫）。やはり『幽』怪談実話路線の大きな支柱となった、福澤徹三さんの『怪を訊く日々』と、同時発売である。どこか『新耳袋』を彷彿《ほうふつ》させる、端正な文体で綴《つづ》られた『怪を訊く日々』とは対照的に、こちらは、ときにチャーミング、ときに破天荒な（!?）語り口調を活《い》かした、〈かってない〉試みの怪談実話集になっていた。

これは〈怪談の神髄は語りにあり〉という企画コンセプト（企画者&聞き手・三津田信三／話者・加門七海）に基づくもので、とりわけ幼少期の怪談原体験が語られる第一章などに、その変幻自在な語り口が、巧《うま》く活かされているように感じられる。

まあ、怪談実話というものは、いちいちしかつめらしい註釈《ちゅうしゃく》を付けて読むものではなく、著者の語り出《い》ずるがまま（まさに〈徒然《つれづれ》〉なるままに！・）、虚心にその成り行きを見守り味わうべきものかと思うので、私も野暮な註釈は差し控えておきたい（本書に先立つ怪談実話集『文藝百物語』の企画・記録者である私としては、云《い》いたいことは、色々いろいろ、あるのだが……なにしろ同書は、全体の約半分を、加門さんと霜島ケイさんの凸凹《でこぼこ》コンビ（もしくは三角屋敷コンビ!?）が語り倒している、世にも怖ろしい本なのである）。

ただし、本書『怪談徒然草』の〈最終話〉に関してだけは、若干の付言が必要だろう。

なにしろ、そこには何故か私自身が文中に顔を出して、いまチラリと名前の出た、件《くだん》の〈三角屋敷〉について、語っているのだから。しかも、肝心の著者本人は、この件に関しては、今後一切の言及を頑《かたく》なに拒むと明言されているのだから……ここは誰かしらが、加門七海の身代わりとなって、話をしなくてはなるまいよ……とほほほほ。

さて、ここで話を解りやすくするために、簡単な年表を掲げておこう。

1　霜島ケイ「家――魔象」（『幻想文学』第48号〈建築幻想文学館〉一九九六年十月・アトリエOCTA所収）

2　匿名（＝加門七海）「手記」（『幻想文学』第48号〈建築幻想文学館〉一九九六年十

月・アトリエOCTA所収）
3　霜島ケイ「三角屋敷の怪」（東雅夫編『文藝百物語』一九九七年七月・ぶんか社所収）
4　霜島ケイ「実在する幽霊屋敷に住んで」（三津田信三編『日本怪奇幻想紀行　六之巻　奇っ怪建築見聞』二〇〇一年三月・同朋舎《どうほうしゃ》所収）
5　加門七海『怪談徒然草』最終章（二〇〇二年八月・メディアファクトリー）

以上が、この通称〈三角屋敷〉と呼ばれる銀色外装のマンションについて、その家に暮らした当事者（＝霜島ケイ）と来訪者（＝加門七海）が語った記録のすべてとなる。

霜島さんによる三篇は、一部、ディテールが詳しく加筆されているものの、内容的にはほぼ同一のものだ。初篇「家――魔象」の原稿を手にしたときには、〈こ、これは、大変なものをいただいてしまった……〉と、当時『幻想文学』編集長を務めていた私は、武者震《おのの》いにひとしい戦きを感じた（これには霜島さんの伝奇作家らしい措辞の巧みさも、与《あずか》って力があったと思う）。

また、同じく『幻想文学』に掲載された加門さんによる「手記」が、怪しい匿名の形で発表されたのは、古いゴシック小説によくある、いわゆる「抽斗《ひきだし》小説」の趣向を意識したお遊びとして、私のほうから提案したものである。

本文中でも少し触れているが、『幻想文学』誌への掲載に先立って、編集長である私は、奇怪な出来事の舞台となった〈三角屋敷〉を、実地に確かめておこうと思い立った。具体的な場所は伏せるが、東京西部の長閑《のどか》な田園地帯を駅からしばらく歩くと、銀色の外観をした中層マンションが目に飛び込んできた。派手な見かけのわりに、なぜか全体に薄暗い印象をうけた。何となく気圧《けお》される感じがして、仄暗《ほのぐら》いエントランスから先には踏みこむ気がしなかった。

表へ出て、ふと視線を感じて上方を見上げると、三階の部屋から、住人とおぼしき若い男性が、なぜか険しい目でこちらを見下ろしていたのを、妙にハッキリ憶《おぼ》えている……。

以上が、私と〈三角屋敷〉連作との、ささやかな関わりである。『幻想文学』掲載の時点では、まさかこの話が、これほどの広がりと関心を惹起《じゃっき》するとは、予想だにしなかった。

当事者たちが被った苦難や迷惑はどうあれ、怪談読者には、語られた怪異を受け容《い》れて吟味し、骨の髄まで味わい尽くす……という特権がある。どうか、その特権を、心ゆくまで行使して、ここに語られた怪異な物語群を愉《たの》しんでいただけたら、幸いである。

二〇二二年七月

本書は、二〇〇六年三月に小社より刊行された
文庫を加筆修正のうえ、改版したものです。

怪談徒然草《かいだんつれづれぐさ》
加門七海《かもんななみ》

角川ホラー文庫　23341

平成18年3月25日　初版発行
令和4年9月25日　改版初版発行

発行者———堀内大示
発　行———株式会社KADOKAWA
〒102-8177　東京都千代田区富士見2-13-3
電話 0570-002-301（ナビダイヤル）
印刷所———株式会社暁印刷
製本所———本間製本株式会社
装幀者———田島照久

●お問い合わせ
https://www.kadokawa.co.jp/（「お問い合わせ」へお進みください）
※内容によっては、お答えできない場合があります。
※サポートは日本国内のみとさせていただきます。
※Japanese text only

ISBN978-4-04-112809-1　C0195

角川文庫発刊に際して

角　川　源　義

第二次世界大戦の敗北は、軍事力の敗北であった以上に、私たちの若い文化力の敗退であった。私たちの文化が戦争に対して如何に無力であり、単なるあだ花に過ぎなかったかを、私たちは身を以て体験し痛感した。西洋近代文化の摂取にとって、明治以後八十年の歳月は決して短かすぎたとは言えない。にもかかわらず、近代文化の伝統を確立し、自由な批判と柔軟な良識に富む文化層として自らを形成することに私たちは失敗して来た。そしてこれは、各層への文化の普及滲透を任務とする出版人の責任でもあった。

一九四五年以来、私たちは再び振出しに戻り、第一歩から踏み出すことを余儀なくされた。これは大きな不幸ではあるが、反面、これまでの混沌・未熟・歪曲の中にあった我が国の文化に秩序と確たる基礎を齎らすためには絶好の機会でもある。角川書店は、このような祖国の文化的危機にあたり、微力をも顧みず再建の礎石たるべき抱負と決意とをもって出発したが、ここに創立以来の念願を果すべく角川文庫を発刊する。これまで刊行されたあらゆる全集叢書文庫類の長所と短所とを検討し、古今東西の不朽の典籍を、良心的編集のもとに、廉価に、そして書架にふさわしい美本として、多くのひとびとに提供しようとする。しかし私たちは徒らに百科全書的な知識のジレッタントを作ることを目的とせず、あくまで祖国の文化に秩序と再建への道を示し、この文庫を角川書店の栄ある事業として、今後永久に継続発展せしめ、学芸と教養との殿堂として大成せんことを期したい。多くの読書子の愛情ある忠言と支持とによって、この希望と抱負とを完遂せしめられんことを願う。

一九四九年五月三日

船玉さま

怪談を書く怪談

加門七海

引き寄せたのは、霊なのか神なのか？

海があまり好きでない著者は、友達が見た女の影の話を聞いているうち、腐敗臭が立ちこめてきたことに気づき——「船玉さま」。とある一家が次々と不幸に見舞われる「茶飲み話」、民話の里・遠野への取材旅行で追いすがってくるなにものかの顛末を記した「いきよう」、下町情緒あふれる怪談「浅草純喫茶」などに書き下ろし「魄」を加えた13篇。宗教や民俗学、オカルトに造詣が深い著者ならではの恐怖体験を綴る。解説・朝宮運河

角川ホラー文庫

ISBN 978-4-04-112165-8